JOSEPH MITCHELL
Joe Goulds Geheimnis

Buch

Joe Gould (1889–1957) stammte aus einer der ältesten Familien von Massachusetts, und als erfolgreichem Harvard-Absolventen schien ihm ein geordnetes bürgerliches Leben vorherbestimmt. Doch mit Mitte zwanzig kehrte er seiner Familie Rücken und ging nach New York. Dort schlug er sich für den Rest seines Lebens als charmanter Schnorrer und Träumer durch, lebte von Luft, Zigarettenkippen und Ketchup, übernachtete in billigen Absteigen und auf der Straße. Und verfolgte dabei täglich ein ehrgeiziges Projekt: Gould wollte eine ›Erzählte Geschichte unserer Zeit‹ verfassen. Jeder Gesprächsfetzen, jede belauschte Unterhaltung sollte in dieses Opus magnum des Alltagslebens integriert werden. So sah man Gould, der schon bald zum festen Bestandteil der Szenerie von Greenwich Village gehörte, denn auch nie ohne seine Aufsatzhefte, die er unablässig mit Notizen füllte. 75 zerfledderte Kladden sollten es bis zu seinem Tod Anfang der 50er-Jahre sein. Der Exzentriker faszinierte Autoren wie Ezra Pound und e. e. cummings, und einige seiner Texte fanden sogar den Weg in avantgardistische Zeitschriften. Auch der renommierte Journalist Joseph Mitchell lernte Gould kennen, wurde über lange Jahre dessen enger Vertrauter und hoffte, eines Tages das Geheimnis von dessen großem Werk zu lüften, das kein Mensch je ganz zu Gesicht bekommen hatte.

In dem vorliegenden Buch sind die zwei Porträts vereint, die Mitchell über Gould schrieb. Und es deckt auf, warum sich, als Gould 1957 starb, keines seiner zahllosen Hefte auffinden ließ.

Autor

Joseph Mitchell (1908–1996) wurde in North Carolina geboren und ging 1929 nach New York, um Journalist zu werden. Acht Jahre arbeitete er für verschiedene Zeitungen, bevor er beim *New Yorker Magazine* zur Berühmtheit wurde. Dort erschienen auch seine beiden Porträts von Joe Gould: »Professor Möwe« (1942), das stark zur Prominenz des schriftstellernden Stadtstreichers beitrug, und sieben Jahre nach Goulds Tod die große Geschichte »Joe Goulds Geheimnis«, auf der Goulds Nachruhm wie auch der seines passionierten Biografen Mitchell beruht. Die Neuveröffentlichung dieser beiden Porträts in einem Band wurde als literarische Entdeckung gefeiert.

Joseph Mitchell

Joe Goulds Geheimnis

Aus dem Amerikanischen
von Eike Schönfeld

GOLDMANN

Die Originalausgabe erschien 1996
unter dem Titel »Joe Gould's Secret«
bei Random House, New York

Umwelthinweis:
Alle bedruckten Materialien dieses Taschenbuches
sind chorfrei und umweltschonend.

Der Wilhelm Goldmann Verlag, München,
ist ein Unternehmen der Verlagsgruppe Random House

Taschenbuchausgabe April 2002
Copyright © der Originalausgabe 1996
by Random House, Inc.
»Professor Möwe« © 1942 by Joseph Mitchell
»Joe Goulds Geheimnis« © 1964 by Joseph Mitchell
Das Gedicht auf S. 79 von Henry Wadsworth Longfellow
wurde von Ferdinand Freiligrath übersetzt.
Copyright © der deutschsprachigen Ausgabe 2000
by Verlag Kiepenheuer & Witsch, Köln
Umschlaggestaltung: Design Team München
Umschlagfoto: Mauritius / Lomo
Satz: DTP Service Apel, Hannover
Druck: Elsnerdruck, Berlin
Titelnummer: 45013
AB · Herstellung: Sebastian Strohmaier
Made in Germany
ISBN 3-442-45013-6
www.goldmann-verlag.de

1 3 5 7 9 10 8 6 4 2

Für meine Schwestern
Elisabeth Mitchell Woodward
Linda Mitchell Lamm
und
Laura Mitchell Braswell
in Liebe

Inhalt

Vorbemerkung des Autors 9
Professor Möwe 11
Joe Goulds Geheimnis 43

Vorbemerkung des Autors

Dieses Buch besteht aus zwei Ansichten desselben Mannes, einer verlorenen Seele namens Joe Gould. Beide entstanden als Porträts für den *New Yorker*. Das erste, »Professor Möwe«, schrieb ich 1942, erschienen ist es in der Ausgabe vom 12. Dezember 1942. 22 Jahre später, 1964, schrieb ich das zweite, »Joe Goulds Geheimnis«, es erschien in den Ausgaben vom 19. und 26. September 1964.

Professor Möwe

Joe Gould ist ein fröhlicher und ausgemergelter kleiner Mann, der seit einem Vierteljahrhundert in den Cafeterias, Diners, Bars und Kaschemmen von Greenwich Village eine bekannte Gestalt ist. Zuweilen brüstet er sich in recht sarkastischem Ton, er sei der letzte Bohemien. »Die anderen sind alle irgendwo auf der Strecke geblieben«, sagt er. »Manche liegen im Grab, manche stecken in der Klapsmühle, wieder andere in der Werbebranche.« Goulds Leben ist keinesfalls frei von Sorgen; unablässig quälen ihn Obdachlosigkeit, Hunger und der Kater. Er schläft in U-Bahnhöfen auf Bänken, in Ateliers von Freunden auf dem Fußboden, für einen Vierteldollar die Nacht in Absteigen in der Bowery. Hin und wieder trottet er nach Harlem in eines jener Etablissements, die als »Extension Heavens« bekannt sind und von Anhängern Father Divines, des Negerpredigers, betrieben werden, wo er für fünfzehn Cent die Nacht unterkommt. Er ist einen Meter zweiundsechzig groß und wiegt kaum einmal mehr als neunzig Pfund. Vor nicht allzu langer Zeit erzählte er einem Freund, er habe seit Juni 1936 nichts Ordentliches mehr gegessen; damals war er nach Cambridge getrampt und hatte in Harvard bei einem Treffen des Abschlussjahrgangs von 1911, dem er angehört, an einem Bankett teilgenommen. »Ich bin in den Vereinigten Staaten die führende Autorität«, sagt er, »auf dem Gebiet des Verzichtens.« Er erzählt einem, dass er »von Luft, Selbstachtung, Zigarettenkippen, Cowboykaffee, Spiegeleiersandwichs und Ketchup« lebt. Cowboykaffee, erklärt er, ist starker Kaffee, der schwarz und ohne Zucker getrunken wird. »Meinen Geschmack für guten Kaffee habe ich schon lange verloren«, sagt er. »Viel lieber mag ich den, bei dem einem, wenn man ihn ständig trinkt, die Hände zu zittern anfangen und das Weiß in den Augen gelb wird.« Wenn Gould ein Sandwich isst, leert er gemeinhin eine oder zwei Flaschen Ketchup auf den Teller und isst es mit dem Löffel. Die Leute hinter der Theke des Jefferson Diner am Village Square, wo er häufig anzutreffen ist, sammeln die Ketchupflaschen ein und verstecken sie, kaum dass er den Kopf zur Tür hereinsteckt. »Eigentlich mag ich das verflixte Zeug gar nicht besonders«, sagt er, »aber ich habe es mir zur Gewohnheit gemacht, alles zu essen, was ich kriegen kann. Es ist der einzige Fraß, der meines Wissens gratis ist.«

Gould ist ein Yankee. Sein Zweig der Familie Gould lebt seit 1635 in Neuengland, er ist verwandt mit vielen der anderen alten Familien Neuenglands, den Lawrences, den Clarkes oder den Storers. »Dass ich so geworden bin, ist kein Zufall«, sagte er einmal. »Ich will Ihnen erzählen, wie es dazu kam. Schuld war eine Mischung aus altem Yankee-Blut, einer unüberwindlichen Abneigung gegen Besitz, vier Jahren Harvard und fünfundzwanzig Jahren schlimmster Misshandlung meiner Eingeweide mit schlechtem Schnaps und schlechtem Essen.« Er sagt, er habe sich mit dem Rest der menschlichen Rasse überworfen, weil er nichts besitzen wolle. »Wollte Mr Chrysler mir das Chrysler-Building zum Geschenk machen«, sagt er, »ich würde Hals über Kopf davonlaufen. Nicht ich würde es besitzen, sondern es mich. Zu Hause in Massachusetts würden sie mich einen Yankee-Kauz nennen. Hier nennen sie mich einen Bohemien. Das ist aber Jacke wie Hose.« Gould hat eine näselnde Stimme und einen Harvard-Akzent. Bar- und Thekenleute in Greenwich Village nennen ihn den Professor, die Möwe, Professor Möwe, den Mungo, Professor Mungo oder Bellevue Boy. Er trägt die abgelegten Sachen seiner Freunde. Mantel, Anzug, Hemd und sogar Schuhe sind ihm durchweg eine oder gar zwei Nummern zu groß, doch er trägt sie mit einer gewissen verzweifelten Keckheit. »Schauen Sie mich doch an«, sagt er. »Das Einzige, was passt, ist die Krawatte.« An bitterkalten Wintertagen stopft er sich eine Schicht Zeitungen zwischen Hemd und Unterhemd. »Ich bin ein Snob«, sagt er. »Ich nehme nur die *Times*.« Er mag ungewöhnliche Kopfbedeckungen – eine Pudelmütze, ein Barett oder eine Seglermütze. An einem Sommerabend erschien er zu einer Party in einem Seersucker-Anzug mit einem knallroten Kummerbund, Sandalen und einer Seglermütze, alles abgelegte Sachen. Er hat eine lange, schwarze Zigarettenspitze, und zumeist raucht er damit Zigarettenkippen, die er vom Gehsteig aufgesammelt hat.

Durch sein Leben als Bohemien ist Gould unverhältnismäßig gealtert. Seit kurzem hat er die Angewohnheit, Leute, die er gerade erst kennen gelernt hat, sein Alter schätzen zu lassen. Die Schätzungen reichen von fünfundsechzig bis fünfundsiebzig; er ist dreiundfünfzig. So etwas verletzt ihn nicht; er betrachtet es als einen Beweis seiner Überlegenheit. »Ich lebe mehr in einem Jahr«, sagt er, »als normale Leute in zehn.« Gould hat keine Zähne mehr, und beim Sprechen wackelt sein Unterkiefer hin und her. Er hat eine Glatze, doch die Haare am Hinterkopf sind lang und kraus, und er hat einen buschigen, zimtfarbenen Vollbart. Er trägt eine Brille, die locker und schief sitzt und die ihm, kaum dass er sie aufgesetzt hat, wieder auf die Nasenspitze rutscht. Auf der Straße trägt er sie nicht immer, und ohne sie hat er den wilden, schweifenden Blick eines alten Gelehrten, der die Augen mit zu viel klein Gedrucktem überlastet hat. Sogar im Village drehen sich viele nach ihm um. Er geht gebeugt und macht hastige Bewegungen, wobei er vor sich hin murmelt, den Kopf seitlich vorgereckt. Unter dem linken Arm trägt er zumeist eine prall gefüllte, fettige braune Pappmappe, der rechte schwingt streitbar aus. Indem er so dahineilt, scheint er einen imaginären Feind abzuwehren. Der Künstler Don Freeman, ein Freund von ihm, zeichnete ihn einmal als Gehenden. Freeman nannte die Zeichnung »Joe Gould gegen die Elemente«. Gould ist ruhelos und ungebunden wie eine streunende Katze, er unternimmt lange Gänge durch die Stadt, verschwindet hin und wieder wochenlang aus dem Village und gibt seinen Freunden Rätsel auf; nie finden sie heraus, wo er war. Wenn er wieder da ist wirkt er immer sehr zufrieden mit sich, macht kryptische Bemerkungen, kichert und schweigt sodann. »Ich habe mit einer alten Gräfin am Ufer Vögel beobachtet«, sagte er nach seiner jüngsten Abwesenheit. »Die Gräfin und ich haben drei Wochen lang Seemöwen beobachtet.«

Fast nie sieht man Gould ohne seine Mappe. Beim Essen liegt sie auf seinem Schoß, und in den Absteigen hat er sie beim Schlafen unterm Kopf. Meistens enthält sie eine Masse Manuskripte, Notizen, Briefe, Zeitungsausschnitte und obskure kleine Zeitschriften, ein Tintenfläschchen, ein Wörterbuch, eine Papiertüte mit Zigarettenkippen, eine mit Brotkrümeln und eine mit runden billigen Bonbons, »sour balls«. »Mit den ›sour balls‹ bekämpfe ich meine Erschöpfung«, sagt er. Die Krümel sind für die Tauben; wie viele andere Exzentriker füttert auch Gould Tauben. Besonders angetan hat es ihm ein Schwarm, der sich als Stützpunkt die Garibaldi-Statue am Washington Square auserkoren hat. Die Tauben dort kennen ihn. Wenn er kommt und sich auf den Sockel der Statue setzt, flattern sie herab, setzen sich ihm auf Kopf und Schultern und warten darauf, dass er seine Brottüte hervorholt. Einigen hat er Namen gegeben. »Komm nur, Boss Tweed«, sagt er. »Heute Morgen hat eine Dame in Stewart's Cafeteria ihren Vollkorntoast nicht aufgegessen, und als sie ging, habe ich ihn ihr, schwups, vom Teller geschnappt, extra für dich. Hallo, Großbusen. Hallo, Dickbauch. Hallo, Lady Astor. Hallo, Johannes der Täufer. Hallo, Polly Adler. Hallo, Fiorello, du alte Ziege, wie geht's denn heute so?«

Wenngleich Gould sich um den Eindruck eines philosophischen Müßiggängers bemüht, arbeitet er während seiner Zeit als Bohemien ungeheuer viel. Jeden Tag, selbst wenn er einen schlimmen Kater hat oder auch, wenn er geschwächt und matt vor Hunger ist, verbringt er wenigstens zwei Stunden damit, an einem formlosen, ziemlich mysteriösen Buch zu arbeiten, das er »Eine erzählte Geschichte unserer Zeit« nennt. Dieses Buch hat er vor sechsundzwanzig Jahren begonnen, und es ist noch lange nicht fertig. Seine Beschäftigung damit scheint ein wesentlicher Grund für seine Lebensweise zu sein; jedwede regelmäßige Arbeit würde ihn, wie er sagt, beim Denken stören. Je nach Wetter schreibt er im Park, in einem Hauseingang, im Aufenthaltsraum von Absteigen, in einer Cafeteria, auf der Bank eines Bahnsteigs der Hochbahn, in der U-Bahn und in öffentlichen Bibliotheken. Wenn er in der entsprechenden Stimmung ist, schreibt er bis zur Erschöpfung, und in dieser Stimmung ist er zu eigenartigen Zeiten. Er sagt, in einer Nacht habe er einmal sechs, sieben Stunden in einer Grillbar in der Third Avenue an einem Tisch gesessen und sich die Lebensgeschichte einer bierseligen alten Ungarin angehört, die früher einmal Puffmutter und auch Rauschgifthändlerin gewesen und nun Suppenköchin in einem Stadtkrankenhaus sei. Drei Tage danach sei er gegen vier Uhr morgens auf einer Pritsche im Hotel Defender, 300 Bowery, von den Nebelhörnern der Schlepper auf dem East River aufgewacht und habe nicht mehr einschlafen können, weil er das Gefühl hatte, genau jetzt in der Stimmung zu sein, die Biografie der alten Suppenköchin in seine Geschichte aufzunehmen. Er hat ein abnormes Gedächtnis; wenn eine Unterhaltung ihn genügend beeindruckt, kann er sie sich viele Tage lang merken, auch wenn sie lang und sinnlos war, und weitgehend Wort für Wort. Er war stark erkältet, dennoch stand er auf, zog sich im Schein eines roten Ausgang-Schilds an und ging auf Zehenspitzen, um die Männer, die um ihn herum auf Pritschen schliefen, nicht zu stören, in den Aufenthaltsraum hinunter.

Im Aufenthaltsraum schrieb er dann von Viertel nach vier bis Mittag. Danach verließ er das Defender, trank in einem Diner in der Bowery einen Kaffee und ging in die öffentliche Bücherei. An einem Tisch im Genealogie-Raum, wo man ihn an Regentagen häufig antrifft und den er, wie er sagt, dem großen Lesesaal vorzieht, weil er düsterer ist, ackerte er dann weiter, bis sie um 6 Uhr abends schloss. In einer Cafeteria am Times Square aß er dann zwei Eiersandwichs und eine Ladung Ketchup dazu. Da ihm der Vierteldollar für eine Absteige fehlte und er zu sehr von seiner Arbeit gefangen genommen war, um ins Village zu gehen und sich eine Unterkunft zu suchen, eilte er in die U-Bahn West Side und fuhr die ganze Nacht hindurch, wobei er ununterbrochen schrieb, während sein Zug dreimal zwischen New Lots Avenue in Brooklyn und Van Cordtland Park in der Bronx, eine der längsten Strecken im ganzen U-Bahnnetz, hin und her fuhr. Dabei hatte er die Mappe auf dem Schoß und benutzte sie als Schreibunterlage. Er hat die Ausdauer eines Besessenen. Wenn er zu müde wurde, um sich zu konzentrieren, schüttelte er heftig den Kopf, zog dann seine Tüte mit den »sour balls« hervor und steckte sich einen in den Mund. Die Leute starrten ihn an, und einmal unterbrach ihn ein Betrunkener, der ihn fragte, was in aller Welt er da schreibe. Gould weiß, wie er neugierige Betrunkene loswird. Er zeigte auf sein linkes Ohr und sagte: »Was? Wie war das? Ich bin stocktaub. Verstehe kein Wort.« Worauf der Betrunkene das Interesse an ihm verlor. »Als ich aus der U-Bahn kam, wurde es schon hell«, sagt Gould. »Ich hustete und schniefte, mir brannten die Augen, meine Knie zitterten, ich hatte Hunger wie ein Wolf und genau acht Cent in der Tasche. Es war mir gleich. Meine Geschichte war um elftausend nagelneue Wörter länger geworden, und ich wette, in dem Moment gab es keinen Vorstandsvorsitzenden in ganz New York, der so glücklich war wie ich.«

Gould treibt die Angst um, dass er stirbt, bevor er die erste Fassung der Erzählten Geschichte fertig gestellt hat. Sie ist schon jetzt neunmal so lang wie die Bibel. Er schätzt, dass das Manuskript neun Millionen Wörter enthält, alle in Langschrift. Es könnte gut und gern das längste unveröffentlichte Werk sein, das es gibt. Gould schreibt in billige Aufsatzhefte, wie sie Kinder in der Schule benutzen, und die Erzählte Geschichte und die Anmerkungen, die er dazu geschrieben hat, füllen zweihundertsiebzig solcher Hefte, und alle sind sie zerfleddert und verdreckt und voller Kaffee-, Fett- und Bierflecken. Mit seinem Füllfederhalter beschreibt er beide Seiten eines Blattes ohne jeden Rand, und seine Handschrift ist schlecht; hunderttausende von Wörtern kann nur er selbst lesen. Bisher konnte er noch keinen Verlag für die Erzählte Geschichte interessieren. Irgendwann einmal hatte er ganze Ladungen davon in vierzehn Verlage geschleppt. »Die eine Hälfte fand sie obszön und empörend und sagte, ich solle sie so schnell wie möglich wieder wegschaffen«, sagt er, »die anderen meinten, sie könnten meine Schrift nicht lesen.« Derartige Erlebnisse können Gould nichts anhaben; stets sagt er sich, dass er ja ohnehin für die Nachwelt schreibe. In seiner Brusttasche hat er, versiegelt in einem schmierigen Umschlag, immer sein Testament bei sich, in dem er zwei Drittel des Manuskripts der Harvard Library vermacht und das andere Drittel der Smithsonian Institution. »Zwei Generationen, nachdem ich tot bin«, sagt er häufig, »werden die Dr. phils mein Werk durchackern. Stellen Sie sich nur deren Überraschung vor. ›Na, verdammt will ich sein‹, werden die sagen, ›wenn dieser Bursche nicht der brillanteste Historiker des Jahrhunderts war.‹ Die werden mich gebührend würdigen. Ich behaupte nicht, dass die ganze Erzählte Geschichte erste Klasse ist, aber manches davon wird so lange leben wie die englische Sprache.« Gould bewahrte seine Aufsatzhefte früher im ganzen Village verstreut auf, in den Wohnungen und Ateliers von Freunden. Er hatte sie in Wandschränken, unter Betten und hinter

Büchern in Bücherregalen versteckt. Im Winter 1942, nachdem er gehört hatte, dass das Metropolitan Museum seine wertvollsten Gemälde für die Dauer des Krieges in ein bombensicheres Lager irgendwo außerhalb der Stadt gebracht hatte, geriet er in Panik. Er machte sich daran, alle seine Hefte einzusammeln, verschnürte sie zu einem Packen, wickelte den Ballen sodann in zwei Lagen Öltuch und gab sie in die Obhut einer Bekannten, die in der Nähe von Huntington auf Long Island eine Enten- und Hühnerfarm besitzt. Das Farmhaus hat einen Steinkeller.

Gould nimmt in die Erzählte Geschichte nur auf, was er selbst gesehen oder gehört hat. Mindestens die Hälfte davon besteht aus Gesprächen, die er Wort für Wort oder zusammengefasst notiert; daher auch der Titel. »Geschichte ist das, was die Leute sagen«, sagt Gould. »Was wir immer für Geschichte gehalten haben – Könige und Königinnen, Abkommen, Erfindungen, bedeutende Schlachten, Hinrichtungen, Cäsar, Napoleon, Pontius Pilatus, Columbus, William Jennings Bryan –, das ist doch nur offizielle Geschichte und daher weitgehend falsch. Ich halte die inoffizielle Geschichte der hemdsärmeligen Massen fest – was sie über ihre Arbeit zu sagen haben, ihre Liebesaffären, was sie essen, wie sie ausgehen, ihren Ärger, ihre Sorgen – vielleicht gehe ich bei dem Versuch ja drauf.« Die Erzählte Geschichte ist ein großes Mischmasch, sie versammelt die Küchenreste des Hörensagens, sie ist eine Fundgrube für Getratsche, ein Sammelsurium von Geschwafel, Gesabbel, Palaver, Blödsinn, dummem Zeug und Blech, die Früchte von, Goulds Schätzungen zufolge, über zwanzigtausend Gesprächen. Des Weiteren enthält sie heillos unzusammenhängende Biografien hunderter Pennbrüder, Berichte über die Reisen von Seeleuten, denen er in den Bars der South Street begegnet ist, grausige Beschreibungen von Erlebnissen in Hospitälern und Krankenhäusern (»Hatten Sie schon einmal eine schmerzhafte Operation oder Krankheit?«, ist eine der ersten Fragen, die Gould, Füllfederhalter und Aufsatzheft in der Hand, jemanden fragt, den er gerade kennen gelernt hat), Zusammenfassungen zahlloser Tiraden am Union Square oder Columbus Circle, Zeugnisse, die Bekehrte bei Straßentreffen der Heilsarmee ablegten, dazu die wirren Meinungen dutzender von Parkbanksehern und Kneipenweisen. Eine Zeit lang klapperte Gould die rund um die Uhr geöffneten Schmuddelkneipen in der Gegend des Bellevue Hospital ab, belauschte müde Assistenzärzte, Krankenschwestern, Pfleger, Ambulanzfahrer, Studenten der Einbalsamierungsschule und Arbeiter im Leichenschauhaus und zeichnete getreulich ihre Unterhaltungen auf. Bei Paraden läuft er die Fifth Avenue auf und ab und macht sich fieberhaft Notizen. Gould schreibt mit großer Offenheit, und der Anteil an Obszönitäten in der Erzählten Geschichte ist hoch. Eines seiner Kapitel lautet »Phänomene der so genannten schmutzigen Geschichte unserer Zeit«, beinahe täglich kommt etwas dazu. Ein anderes Kapitel enthält zahlreiche Reime und Kommentare, die er an den Wänden von U-Bahn-Waschräumen gefunden hat. Für ihn sind diese Kritzeleien geschichtlich ebenso wahrhaftig wie die Strategie General Robert E. Lees. Hunderttausende Wörter widmen sich dem Verhalten im betrunkenen Zustand und den sexuellen Abenteuern diverser gut situierter Leute aus dem Greenwich Village der zwanziger Jahre. Es gibt hunderte von Berichten über feucht-fröhliche Village-Partys mitsamt dem Klatsch über die Gäste und gewissenhafte Aufzeichnungen ihrer Debatten über Themen wie Wiedergeburt, Geburtenkontrolle, freie Liebe, Psychoanalyse, Christliche Wissenschaft, Swedenborgianismus, Vegetarismus, Alkoholismus und diverse politische und kunstbezogene Ismen. »Ich habe das, was man die intellektuelle Unterwelt meiner Zeit nennen könnte, vollständig abgedeckt«, sagt Gould. Man findet detaillierte Beschreibungen des Nachtlebens in zahllosen Bars und Restaurants des Village, wie das Little Quakeress, das Original Julius, die Troubadour Tavern, das Samovar, Hubert's Cafeteria, Sam Swartz's T. N. T. und Eli Greifer's Last Outpost of Bohemia Tea Shoppe, die es zum Teil gar nicht mehr gibt.

Gould ist ein Nachtwanderer, und er hat die Beobachtungen schrecklicher Dinge, die er auf den dunklen New Yorker Straßen gesehen hat, aufgeschrieben – die Beobachtung von Scharen großer grauer Ratten beispielsweise, die in manchen Vierteln der Lower East Side und Harlems in den Stunden vor Tagesanbruch herauskommen und unbekümmert die Gehsteige entlanghuschen. »Manchmal glaube ich, dass diese Ratten gar keine Ratten sind«, sagt er, »sondern die verfluchten und wunden Seelen von Mietskasernenbesitzern.«

Ein Großteil der Erzählten Geschichte ist in Tagebuchform gehalten. Gould ist mit dem totalen Gedächtnis gestraft, und hin und wieder greift er einen Zeitabschnitt aus der jüngeren Vergangenheit heraus – es könnte ein Tag sein, eine Woche oder ein Monat – und schreibt alles, was er während dieser Zeit tat und was auch nur irgendwie von Bedeutung ist, minuziös auf: Manchmal schreibt er ein Kapitel, in dem er eine Person oder eine Einrichtung in einem fort aufs Fürchterlichste beschimpft. Dann finden sich wieder weitschweifige Essays über Themen wie die Flöhe in den Absteigen, Spagetti, der Reißverschluss als Symbol für den Verfall einer Zivilisation, das künstliche Gebiss, der Wahnsinn, das Geschworenensystem, Reue, die Cafeteriaküche und die Schreibmaschine als schwächender Einfluss auf die Literatur. »William Shakespeare hat nicht dagesessen und auf so einem dreckigen, verfluchten Ding für fünfundneunzig Dollar herumgehackt«, schrieb er, »und Joe Gould tut das auch nicht.«

Die Erzählte Geschichte ist fast so weitschweifig wie »Tristram Shandy«. In dem Kapitel »Die Guten sterben wie die Fliegen« beginnt Gould die Biografie eines Diner-Besitzers und Pferdewetters namens Side-Bet Benny Altschuler, der sich einen rostigen Eispickel in die Hand jagte und an Wundstarrkrampf starb, um nach wenigen Abschnitten zu einer Geschichte zu wechseln, die ihm ein Seemann erzählt hat und die von einer Gruppe Leprakranker handelt, die an einem Strand in Port-of-Spain auf Trinidad trinkt und tanzt und singt; um dann weiter zu einer Anekdote über eine Demonstration zu schweifen, die 1915 als Protest gegen die Vorführung von »Die Geburt einer Nation« vor einem Kino in Boston abgehalten wurde, bei der er einem Polizisten einen Tritt versetzte; um von da zu einer Beschreibung einer Reise zu kommen, die er einmal durch die Irrenanstalt Central Islip unternahm, bei der plötzlich eine Frau auf ihn zeigte und kreischte »Da ist er! Haltet den Dieb! Das ist der Mann, der mir meine Geranien geklaut und das Maultier meiner Mama samt Buggy gestohlen hat!«, um von da mit der Erzählung eines alten Pennbruders fortzufahren, wie der eines Nachts, als er in einem Türeingang in der Great Jones Street saß, die blau-schwarzen Flammen der Hölle gesehen und gespürt hat und noch in derselben Nacht zwei Meerjungfrauen im East River unmittelbar nördlich des Fischmarkts Fulton spielen sah; um von da zu einer Erklärung eines Priesters der Old St. Patrick's Cathedral in der Mott Street, im ältesten Little Italy der Stadt, zu gelangen, warum so viele Italienerinnen Schwarz tragen (»Sie sind in ständiger Trauer um unseren Herrn«); um sodann wieder zu Side-Bet Benny zurückzukehren, dem Diner-Besitzer, der am Wundstarrkrampf starb.

Nur wenige der hunderte von Leuten, die Gould kennen, haben überhaupt etwas von der Erzählten Geschichte gelesen, und die meisten halten sie für dummes Geschwätz. Diejenigen, die es versucht haben, bleiben zumeist nach ein paar Kapiteln stecken und geben auf. Gould sagt, er könne diejenigen, die genug gelesen haben, um sich eine qualifizierte Meinung davon zu bilden, an einer Hand oder einem Fuß abzählen. Einer davon ist der Dichter und Kritiker Horace Gregory. »Ich betrachte Gould als eine Art Samuel Pepys der Bowery«, sagt Gregory. »Ich habe mich einmal durch rund zwanzig Aufsatzhefte gekämpft, und das meiste, was ich las, hatte die Qualität eines kompetenten High-School-Aufsatzes, manches jedoch war mit der klaren und wunderbaren Wahrhaftigkeit eines Kindes geschrieben, und hier und da blitzte ein durchtriebener Yankee-Witz auf. Wenn sich jemand die Mühe machen würde, es durchzugehen und Sinn von Blödsinn zu trennen, wie es Lektoren auch mit den Millionen Wörtern von Thomas Wolfe getan haben, dann würde man vielleicht erkennen, dass Gould tatsächlich ein Meisterwerk geschrieben hat.« Ein anderer ist E. E. Cummings, der Dichter, ein enger Freund Goulds. Cummings schrieb einmal ein Gedicht über Gould, Nr. 261 in seinen »Collected Poems«, das die folgende Beschreibung der Geschichte enthält:

... ein mythos ist so gut wie ein lächeln, doch die zitat erzählte geschichte zitat ende des kleinen joe gould könnte auch (anmerkung des verlages) die reise eines gespenstes betitelt sein oder weitgehend überflutet und dabei überwiegend untergetaucht oder eine amoralische durch zahllose todesarten irgendwie-belebende moral

Die ganzen zwanziger Jahre hindurch war Gould Dauergast bei der inzwischen eingestellten *Dial,* der damals anspruchsvollsten Zeitschrift überhaupt. Schließlich druckte *Dial* in ihrer Ausgabe vom April 1929 einen seiner kürzeren Essays ab, »Zivilisation«. Darin schwafelt er über Gott und die Welt, mokiert sich über den Handel mit Aktien als das »Spiel einer verkalkten alten Jungfer«, bezeichnet Wolkenkratzer und Dampfschiffe als »Nippeskram« und verkündet, dass »das Automobil überflüssig« sei. »Wenn der ganze pervertierte Erfindungsreichtum, der in die Herstellung von Brummwagen gesteckt wurde, nur in die Verbesserung der Pferdezucht gegangen wäre«, schrieb er, »dann wäre die Menschheit jetzt besser dran.« Dieser Essay hatte eine eigentümliche Folge für die amerikanische Literatur. Eine Ausgabe von *Dial,* in der er erschienen war, tauchte wenige Monate später in einem Antiquariat in Fresno, Kalifornien, auf und wurde für zehn Cent von William Saroyan erworben, der damals zwanzig war, sich recht und schlecht durchs Leben schlug und unbedingt Schriftsteller werden wollte. Er las Goulds Essay und war tief beeindruckt und beeinflusst davon. »Er nahm mir den Zwang, auf die Form zu achten«, sagt er. Zwölf Jahre später, im Winter 1941, sah Saroyan in Don Freemans Atelier am Columbus Circle einige Zeichnungen, die Freeman von Gould für *Don Freeman's Newsstand* gemacht hatte, einer Vierteljahreszeitschrift mit Bildern absonderlicher New Yorker Szenen und Persönlichkeiten, die von der Amerikanischen Künstlervereinigung herausgegeben wurde. Saroyan wurde ganz aufgeregt. Er erzählte Freeman, was er Gould alles zu verdanken habe. »Was ist das überhaupt für einer?«, fragte Saroyan. »Seit Jahren versuche ich, etwas über ihn herauszubekommen. Die paar Seiten in der *Dial* zu lesen war, als liefe man in die falsche Richtung, träfe dabei zufällig auf den richtigen Kerl und begegnete ihm dann nie wieder.« Freeman erzählte ihm von der Erzählten Geschichte. Saroyan schrieb sogleich einen Kommentar zu den Zeichnungen von Gould im *Newsstand*. »Bis zum heutigen Tag«, schrieb er unter anderem, »habe ich sonst nichts von Joe Gould gelesen. Und dennoch ist er für mich noch immer einer der wenigen echten und originellen amerikanischen Autoren. Er war ruhig und unaffektiert, während nahezu alle anderen amerikanischen Texte unruhig und affektiert waren. Sie waren nirgendwo zu Hause; sie waren alle etwas zu bemüht; sie waren erbärmlich; sie waren ein wenig schwach auf der Brust; sie waren literarisch und sie konnten nichts auf einfache Weise sagen. Alle anderen amerikanischen Texte versuchten, irgendeine Form zu finden, und außer Joe Gould schien kein Autor über genügend Fantasie zu verfügen, um zu verstehen, dass man, wenn es zum Schlimmsten kam, überhaupt keine Form brauchte. Man brauchte das, was man zu sagen hatte, nicht in ein Gedicht, einen Essay oder einen Roman zu stecken. Man brauchte es nur zu sagen.« Nicht lange nach Erscheinen dieser Ausgabe des *Newsstand* hielt jemand Gould auf der Eighth Street an und zeigte ihm Saroyans Beifall für sein Werk. Gould zuckte die Schultern. Er war auf einer seiner Touren gewesen, hatte dabei sein Gebiss verloren und nur geringes Interesse für literarische Dinge. Nachdem er jedoch noch einmal darüber nachgedacht hatte, beschloss er, Saroyan zu besuchen und ihn zu bitten, ihm bei der Beschaffung neuer Zähne zu helfen. Irgendwie bekam er heraus, dass Saroyan im Hampshire House in der Central Park South wohnte. Der Portier dort folgte Gould in die Eingangshalle und fragte ihn, was er wolle. Gould sagte, er wolle William Saroyan besuchen. »Kennen Sie Mr Saroyan?«, fragte der Portier. »Nein«, sagte Gould, »aber das ist schon in Ordnung. Er ist ein Schüler von mir.« »Wie meinen Sie das, ein Schüler von Ihnen?«, fragte der Portier. »Ich meine damit«, sagte Gould, »dass er ein literarischer Schüler von mir ist. Ich möchte ihn bitten, mir Zähne zu kaufen.« »Zähne?«, fragte der Portier. »Wie meinen Sie das, Zähne?« »Ich meine, künstliche Zähne«, sagte Gould, »ein Gebiss.« »Kommen Sie mal mit«, sagte der Portier, packt Gould am Arm und expedierte ihn auf die Straße. Später arrangierte Freeman eine Begegnung, und die beiden verbrachten mehrere Abende in Bars. »Saroyan sagte immer wieder, er wolle alles über die Erzählte Geschichte hören«, sagt Gould, »aber dazu kam ich gar nicht. Er war derjenige, der ständig redete. Ich kam kaum zu Wort.«

Solange er zurückdenken kann, rätselt Gould über seine eigene Persönlichkeit. In der Erzählten Geschichte finden sich einige autobiografische Aufsätze, ihm zufolge alles Versuche, sich selbst zu erklären. In einem namens »Warum ich mich nicht an die Zivilisation, so wie sie ist, anpassen kann, oder doch, nicht, doch, nicht, eine Wahnsinnsnotiz«, kam er zu dem Schluss, dass für alles seine Schüchternheit verantwortlich ist. »Ich bin introvertiert und extrovertiert, beides zugleich«, schrieb er, »eine widerstreitende Mischung aus Einsiedler und Sixth-Avenue-Auktionator. Der eine Fuß sagt ja, der andere nein. Der eine Fuß sagt, sei still, der andere sagt, brüll wie ein Ochse. Ich bin furchtbar schüchtern, versuche aber, es mir nicht anmerken zu lassen. Man würde mich sonst ausnutzen.« Gould kaschiert seine Schüchternheit gut. Sie zeigt sich nur, wenn er stocknüchtern ist. In diesem Zustand ist er schweigsam, argwöhnisch und verkrampft, doch ein paar Bier oder ein einziger Schluck Gin lösen seine Zunge, und er grinst boshaft. Er reagiert auf Alkohol außerordentlich heftig. »An einem heißen Abend«, sagt er, »brauche ich vor einer Kaschemme nur zehn Minuten auf und ab zu gehen und ganz tief einzuatmen, und schon habe ich einen sitzen.«

Auch wenn Gould nur wenige Schlucke braucht, ist es für ihn doch zuweilen ziemlich schwierig, an sie heranzukommen. An den meisten Abenden drückt er sich um die Kneipen und Kaschemmen an der Westseite des Village herum, immer auf der Lauer nach unternehmungslustigen Touristen, denen er ein Bier, ein Sandwich oder etwas Geld abluchsen kann. Schafft er es nicht, in den brodelnden Kneipen am Sheridan Square Kontakt zu knüpfen, geht er weiter zur Sixth Avenue und arbeitet sich nach Norden vor, klappert die Jericho Tavern ab, die Village Square Bar & Grill, das Belmar, Goody's und das Rochambeau. Er geht nach einem Schema vor. Er betritt ein Lokal nur, wenn es voll ist.

Ist er dann drin, drängt er sich zum Telefon durch und tut so, als suchte er eine Nummer. Dabei mustert er die Gäste. Hat er einen aussichtsreichen Kandidaten ausgemacht, geht er hin und sagt: »Ich möchte mich Ihnen vorstellen. Mein Name ist Joseph Ferdinand Gould, Harvard-Absolvent, *magna cum difficultate,* Jahrgang 1911 und Vorstandsvorsitzender der Wohl und Wehe AG. Gegen ein Getränk trage ich Ihnen ein Gedicht vor, halte eine Vorlesung, vertrete einen Standpunkt oder ziehe die Schuhe aus und mache eine Möwe nach. Gin wäre gut, aber ein Bier tut's auch.« Gould ist keineswegs ein Schnorrer. Er findet, dass die Unterhaltung, die er liefert, das, was er dafür erbettelt, durchaus wert ist. Nie ist er kriecherisch, ebenso wenig dankbar. Wird er höflich abgewiesen, zuckt er die Schultern und geht. Lässt der Kandidat allerdings eine Bemerkung fallen wie »Hau bloß ab, du Penner«, geht Gould auf ihn los, egal, wie groß er ist, und hält ihm eine schrille, nasale, skurrile Standpauke. Dabei ist es ihm gleich, was er sagt. Wenn er die Beherrschung verliert, wird er furchtlos. Dann lässt er seine Mappe fallen, hebt die Fäuste und bietet Männern, die ihn mit einem halbherzigen Hieb umbringen könnten, Prügel an. Findet er auf seinem Weg die Sixth Avenue entlang kein Publikum, wendet er sich nach Westen zur Eleventh und strebt dem Village Vanguard zu, einer Kellerkneipe in der Seventh Avenue South. Das Vanguard war einst ein schmieriger Künstlertreff, ist aber neuerdings ein florierender Nachtclub. Gould und dessen Besitzer, ein Mann namens Max Gordon, kennen einander schon seit Jahren und kommen meistens ganz gut miteinander aus. Das Vanguard ist immer Goulds letzte Station. Das hat er sicher, es ist seine letzte Reserve. Seit es so gut läuft, findet er es schrecklich. Er geht die Treppe hinunter und sagt: »Hallo, Max, du dreckiger Kapitalist. Ich will einen Happen zu essen und ein Bier. Wenn ich das nicht kriege, gehe ich auf die Tanzfläche und lege einen Anfall hin.« »Mach das mit dem Koch aus«, sagt Gordon daraufhin. Gould geht in die Küche, isst, was der Koch ihm gibt, trinkt zwei Bier, füllt sich eine Tüte mit Brotresten und geht wieder.

Trotz seiner Schüchternheit hat Gould eine große Vorliebe für Partys. Im Village gibt es viele, die häufig eine große Party geben, darunter ein reicher und verschrobener alter Arzt, eine reiche alte Jungfer, ein berühmter Bühnenbildner, ein berühmtes Schauspielerpaar und zahlreiche Maler, Bildhauer, Schriftsteller, Redakteure und Verleger. Wenn Gould herausbekommt, dass diese Leute eine Party geben, geht er meistens hin, und meistens darf er auch bleiben. Für gewöhnlich bleibt er erst eine Weile für sich, raucht unbehaglich und steif vor Anspannung wie ein Brett eine Zigarette nach der anderen. Früher oder später jedoch, angetrieben von dem einen oder anderen Schluck und von der Verzweiflung der Verklemmten, fängt er an, sich aufzuspielen. Er sucht sich die hübscheste Frau im Raum aus, geht zu ihr hin, verbeugt sich und küsst ihr die Hand. Er erzählt zweifelhafte Geschichten über sich. Er wird überschwänglich, kichert plötzlich ohne jeden Grund vor Vergnügen, springt auf und schlägt die Hacken zusammen. Dann schreit er: »Wer für eine Ein-Mann-Vorstellung ist, sagt bitte ja!« Bekommt er auch nur die kleinste Ermunterung, entkleidet er sich bis zur Taille und vollführt einen Tanz, den er, wie er sagt, in einem Chippewa-Reservat in North-Dakota gelernt hat und den er den Joseph-Ferdinand-Gould-Stomp nennt. Dazu klatscht er in die Hände, stampft mit den Füßen auf und singt einen alten Song der Heilsarmee: »Ich bin von gestern, du bist von gestern, Jesus aber ist nicht von gestern.« Dann macht er eine Möwe nach. Er zieht Schuhe und Strümpfe aus und vollführt seltsame, ungestüme Hüpfer durchs Zimmer, wedelt dabei mit den Armen und stößt bei jedem Sprung einen durchdringenden Schrei aus. Als Kind hatte er Möwen als Haustiere, und noch immer verbringt er viele Sonntage damit, am Ende einer Angelmole in Sheepshead Bay Möwen zu beobachten; er behauptet, ihre Schreie so gut zu verstehen, dass er Lyrik in die Möwensprache übersetzen kann. »Ich habe schon einige Gedichte von Henry Wadsworth Longfellow übersetzt«, sagt er.

Bei jeder Party, zu der Gould geht, kommt es unweigerlich so weit, dass er auf einen Stuhl oder Tisch steigt und Vorträge hält. Diese Vorträge sind Auszüge aus Kapiteln der Erzählten Geschichte. Sie sind kurz, doch er gibt ihnen lange Titel wie »Voll wie eine Haubitze oder Wie ich fünfzehnhundert Indianern bei achtzehn Grad minus den Kopf vermessen habe« und »Die fürchterliche Tomatensucht oder Achtung! Achtung! Nieder mit Dr. Gallup!«. Statistiken steht er skeptisch gegenüber. In letzterem Vortrag beweist er mit Hilfe von Statistiken, die er im Finanzteil von Zeitungen gefunden haben will, dass »der Verzehr von Tomaten durch Eisenbahningenieure für dreiundfünfzig Prozent der Zugunglücke in den Vereinigten Staaten während der letzten sieben Jahre verantwortlich war«. Wenn Gould auf eine Party kommt, rücken Leute, die ihn noch nie gesehen haben, nach einem kurzen Blick zumeist von ihm ab. Doch bevor der Abend zu Ende ist, entwickeln fast immer einige eine Art verdutzten Respekt für ihn; sie passen ihn ab, stellen ihm Fragen und versuchen herauszubekommen, was mit ihm nicht stimmt. Gould gefällt das. »Als Sie zu mir kamen und mir die Hand küssten«, sagte eine junge Frau eines Abends zu ihm, »sagte ich zu mir: ›Das ist aber ein netter alter Herr.‹ Gleich darauf schaute ich mich um, und da hüpften Sie ohne Hemd herum und machten einen wilden Indianer nach. Ich war schockiert. Warum müssen Sie sich denn so exhibitionieren?« »Madam«, sagte Gould, »es ist die Pflicht des Bohemiens, sich zu einem Spektakel zu machen. Wenn meine Zwanglosigkeit Sie veranlasst hat zu glauben, ich sei ein Trunkenbold oder gehöre nach Bellevue, dann halten Sie an diesem Glauben fest, halten Sie daran fest und zeigen Sie Ihre Ignoranz.«

Gould wurde in Norwood, Massachusetts, geboren, einem Vorort von Boston. Sein Großvater Joseph Ferdinand Gould, nach dem er benannt wurde, lehrte an der medizinischen Fakultät in Harvard und hatte eine Praxis in Boston. Sein Vater, Clarke Storer Gould, war praktischer Arzt in Norwood. Er diente als Hauptmann im Sanitätskorps der Armee und starb während des Ersten Weltkriegs in einem Lager in Ohio an Blutvergiftung. Die Familie war wohlhabend, bis Gould fast erwachsen war; dann verspekulierte sich sein Vater mit Investitionen in eine Landgesellschaft in Alaska. Gould sagt, er sei nur deshalb nach Harvard gegangen, weil es in seiner Familie Tradition war. »Ich wollte nicht hin«, schrieb er in einem seiner autobiografischen Aufsätze. »Ich hatte vorgehabt, zu Hause zu bleiben, auf einem Schaukelstuhl hinten auf der Veranda zu sitzen und zu grübeln.« Er sagt, er sei ein mäßiger Student gewesen. Zu seinen Studienkameraden gehörten Conrad Aiken, der Dichter, Howard Lindsay, der Dramatiker und Schauspieler, Gluyas Williams, der Karikaturist, und Richard F. Whitney, ein ehemaliger Präsident der New Yorker Börse. Seine besten Freunde waren drei ausländische Studenten – ein Chinese, ein Siamese und ein Albaner.

Goulds Mutter war immer davon ausgegangen, dass er Arzt werden würde, doch nachdem er seinen B. A. gemacht hatte, sagte er ihr, damit sei seine offizielle Erziehung beendet. Sie fragte ihn, was er nun vorhabe. »Ich habe vor, herumzubummeln und nachzudenken«, sagte er. Einen Großteil der folgenden drei Jahre verbrachte er damit, auf der Ranch eines Onkels in Kanada herumzubummeln und nachzudenken. 1913 lernte er in einem albanischen Restaurant namens Scanderbeg, dessen Kaffee er mochte, Theofan S. Noli kennen, einen Archimandriten der albanischen orthodoxen Kirche, der ihm die Balkan-Politik nahe brachte. Im Februar 1914 verstörte er seine Familie mit der Ankündigung, er habe vor, den Rest seines Lebens darauf zu verwenden, Spenden für die Freiheit Albaniens zu sammeln. Er gründete in Boston eine Organisation namens »Freunde der albanischen Unabhängigkeit«, warb ungefähr zwanzig Beitrag zahlende Mitglieder und rief bei verdutzten Zeitungsredakteuren in Boston und New York an und überredete sie, von Noli verfasste lange Abhandlungen über die albanischen Verhältnisse zu drucken. Nach ungefähr acht Monaten saß Gould abends einmal im Scanderbeg, trank Kaffee und hörte einer Gruppe albanischer Fabrikarbeiter zu, die in ihrer Muttersprache über die Balkan-Politik stritten, als er plötzlich zu dem Schluss kam, dass er gleich einen Nervenzusammenbruch bekommen werde. »Ich zuckte plötzlich unkontrolliert und sah alles doppelt«, sagt er. Von jenem Abend an ließ sein Interesse für Albanien nach.

Nach einer weiteren Periode des Bummelns und Nachdenkens verlegte Gould sich auf Eugenik. Wie es genau dazu kam, hat er vergessen. Jedenfalls verbrachte er als Student den Sommer 1915 mit eugenischer Feldforschung im Eugenics Record Office in Cold Spring Harbor, Long Island. Diese Organisation, die von der Carnegie Institution finanziert wurde, befasste sich zu der Zeit mit Studien über Familien mit erblich bedingtem Schwachsinn, mit Armen und Querulanten in mehreren Gemeinden mit hoher Inzuchtrate. Diese Leute waren für Gould dann aber zu prosaisch; er beschloss, sich auf Indianer zu spezialisieren. In jenem

Winter ging er nach North-Dakota und vermaß tausend Chippewas im Turtle-Mountain-Reservat und fünfhundert Mandans im Fort-Berthold-Reservat den Kopf. Wenn man Gould heute fragt, wozu er diese Messungen durchführte, wechselt er das Thema und sagt: »Die ganze Sache ist ein großes wissenschaftliches Geheimnis.« In North-Dakota war er glücklich. »Es war die lohnendste Zeit meines Lebens«, sagt er. »Ich bin ein guter Reiter, auch wenn ich das selber sage, und ich tanze und schreie gern, und die Indianer schienen mich gern bei sich zu haben. Ich hatte Angst, dass sie mich für plemplem hielten, wenn ich sie um Erlaubnis bitten würde, ihnen die Birne zu vermessen, aber es störte sie nicht. Es schien sie zu amüsieren. Indianer sind die einzig wahren Aristokraten, die ich kenne. Sie sollten das Land regieren, und wir sollten in die Reservate gesteckt werden.« Nach sieben Monaten im Reservat ging Gould das Geld aus. Er kehrte zurück nach Massachusetts und versuchte vergeblich, Mittel für eine weitere Kopfmess-Expedition aufzutreiben. »An diesem Punkt in meinem Leben«, sagt er, »beschloss ich, mich literarisch zu betätigen.« Er kam nach New York und erhielt eine Stelle als zweiter Polizeireporter bei der *Evening Mail.* Eines Morgens im Sommer 1917 – da war er seit ungefähr einem Jahr Reporter –, während er gerade versuchte, einen Kater mit einem Sonnenbad zu bekämpfen, reifte in ihm die Idee für die Erzählte Geschichte. Sogleich gab er seine Stelle auf und begann zu schreiben. »Seit jenem schicksalhaften Morgen«, sagte er einmal in einem Augenblick der Begeisterung, »ist die Erzählte Geschichte für mich Strick und Schafott, Bett und Speise, Frau und Flittchen, Wunde und das Salz darin, Whiskey und Aspirin, Fels und Erlösung. Sie ist das Einzige. Sie ist das Einzige, was mir überhaupt wichtig ist. Nichts anderes zählt.«

Gould sagt, er habe selten mehr als einen Dollar bei sich, was ihn aber nicht weiter kümmere. »Grundsätzlich«, sagt er, »verachte ich Geld.« Gleichwohl hält sich im Village hartnäckig der Glaube, dass er reich sei und aus ererbten Immobilien in Neuengland ein Einkommen erhalte. »Nur ein Millionär könnte es sich leisten, so verlottert wie du herumzulaufen«, sagte unlängst ein Barkeeper zu ihm. »Du bist einer von denen, die in einem Hauseingang sterben, und wenn die Cops sie dann durchsuchen, quellen ihre Taschen über von Sparbüchern. Ich könnte wetten, wenn du wolltest, könntest du auf der Stelle zur West Side Savings Bank gehen und zwanzigtausend Dollar abheben.« Nach dem Tod seiner Mutter 1939 kam Gould tatsächlich zu etwas Geld. Enge Freunde von ihm sagen, es seien keine tausend Dollar gewesen und er habe sie in weniger als einem Monat ausgegeben, indem er im ganzen Village aufs Geratewohl Leute freihielt, die er nie zuvor gesehen hatte. »Geld in der Tasche machte ihn unglücklich«, sagt Gordon, der Besitzer des Vanguard. »Als alles weg war, schien es, als sei ihm eine Last von der Seele gefallen.« Indem Gould sein Erbe verschleuderte, tat er etwas, was ihn zutiefst befriedigte. Er kaufte sich ein großes, glänzendes Radio, ging damit auf die Sixth

Avenue und zertrat es in tausend Stücke. Das Radio hat ihn nie interessiert. »Fünf Minuten von diesem Idiotengeschwafel, das aus diesen Maschinen kommt«, sagt er, »würde einer Ziege den Magen umdrehen.«

In den zwanziger Jahren und Anfang der dreißiger Jahre unterbrach Gould gelegentlich seine Arbeit an der Erzählten Geschichte, um bei der Liga der Kunststudenten Modell zu stehen und für Zeitungen und Zeitschriften Rezensionen zu schreiben. Er sagt, es habe Zeiten gegeben, da habe er ganz gut von dem Geld gelebt, das er damit verdiente. Burton Rascoe, Literaturredakteur der alten *Tribune,* gab ihm viel Arbeit. In einem Eintrag in »A Bookman's Daybook«, einem Tagebuch der Geschehnisse in der literarischen Welt New Yorks der zwanziger Jahre, hielt Rascoe eine Begegnung mit Gould fest. »Einmal gab ich ihm ein schmales Buch über die Indianer zum Rezensieren«, schrieb er, »und er brachte mir so viel Text, dass ich damit drei vollständige Sonntagsausgaben der *Tribune* hätte füllen können. Ich schätze ihn deshalb so, weil er mich nicht wie die anderen Rezensenten mit Fragen verfolgte, warum ich seinen Text nicht bringe. Er hatte seine – ganz beträchtliche – Meinung über das Buch, den Autor und das Thema gesagt, und damit war die Sache für ihn erledigt.« Gould behauptet, er habe das Rezensieren aufgegeben, weil er es für unter seiner Würde gehalten habe, mit Maschinen zu konkurrieren. »Die Sonntagsausgabe der *Times* und der *Herald Tribune* haben Maschinen, die Bücher rezensieren«, sagt er. »Man steckt ein Buch in so eine Maschine, drückt ein paar Hebel, und unten fällt die Rezension heraus.« In den letzten Jahren hat Gould von weniger als fünf Dollar die Woche gelebt. Er hat einige Freunde – dazu gehören Malcolm Cowley, der Schriftsteller und Redakteur, Aaron Siskind, der Dokumentarfotograf, Cummings, der Dichter, und Gordon, der Nachtclubbesitzer –, die ihm regelmäßig kleine Geldbeträge geben. Ungeachtet dessen, was sie von der Erzählten Geschichte halten, haben diese Leute alle einen großen Respekt vor Goulds Beharrlichkeit.

Gould hat keine hohe Meinung von den meisten Schriftstellern, Dichtern, Malern und Bildhauern im Village und scheut sich auch nicht, dies auszusprechen. Wegen seiner Offenheit hat man ihn auch nie in eine der Kunst-, Schriftsteller- oder Kulturorganisationen aufgenommen. Seit zehn Jahren versucht er, in den Dichterkreis »Raven« aufgenommen zu werden, der jeden Sommer die Lyrikausstellung auf dem Washington Square veranstaltet und die mächtigste Organisation ihrer Art im Village ist, doch er wird regelmäßig abgelehnt. Der Vorsitzende des »Raven« ist Francis Lambert McCrudden, ein pensionierter Angestellter der New Yorker Telefongesellschaft. McCrudden leerte viele Jahre die Münzfernsprecher der Telefongesellschaft. Er hat sich alles selbst beigebracht und ist sehr idealistisch. Sein Lieblingsthema ist die Würde der Arbeit, und sein Hauptwerk ein autobiografisches Gedicht namens »The Nickel Snatcher« – »Der Nickelsammler«. »Mr Gould darf an unseren Lesungen teilnehmen, und ich wünschte, wir könnten ihn aufnehmen, doch es geht einfach nicht«, sagte Mr McCrudden einmal. »Ihm ist es nicht ernst mit der Dichtung. Wir schenken bei unseren Lesungen Wein aus, und nur deswegen kommt er. Manchmal will er unbedingt eigene, törichte Gedichte vorlesen, das geht einem dann auf die Nerven. Bei unserem ›Abend der religiösen Dichtung‹ verlangte er die Erlaubnis, ein Gedicht vorzutragen, das er geschrieben hatte; es trug den Titel ›Meine Religion‹. Ich sagte, bitte schön, worauf er Folgendes vortrug:

Im Winter bin ich Buddhist
Und im Sommer bin ich Nudist.

Und bei unserem ›Abend der Naturlyrik‹ bat er, eine seiner Gedichte mit dem Titel ›Die Möwe‹ vortragen zu dürfen. Ich gab ihm die Erlaubnis, worauf er von seinem Stuhl aufsprang, mit den Armen wedelte und herumhüpfte und schrie: ›Krei-isch! Krei-isch! Krei-isch!‹ Es war sehr ärgerlich. Wir sind ernsthafte Dichter und billigen derlei Verhalten nicht.« Im Sommer 1942 demonstrierte Gould gegen die »Raven«-Ausstellung, die am Zaun eines Tennisplatzes an der Washington Square South stattfand. In der einen Hand hatte er seine Mappe, mit der anderen hielt er ein Schild hoch, auf das er mit Druckbuchstaben geschrieben hatte: »JOSEPH FERDINAND GOULD, DICHTERKANONE AUS DICHTERVILLE, FLÜCHTLING VOR DEN RAVENS. DICHTER DER WELT, ZÜNDET, IHR HABT NICHTS ZU VERLIEREN, NUR EUREN VERSTAND!« Hin und wieder machte er beim Auf- und Abmarschieren einen Satz und dann einer Hüpfer und sagte zu Passanten: »Möchten Sie wissen was Joe Gould von der Welt hält und von allem, was darin ist? Krei-isch! Krei-isch! Krei-isch!«

(1942)

Joe Goulds Geheimnis

Joe Gould war ein eigenartiger, mittelloser, zu keiner Arbeit zu gebrauchender kleiner Mann, der 1916 in die Stadt kam, wo er sich über fünfunddreißig Jahre durchschlug und sich, so gut er konnte, über Wasser hielt. Er gehörte einer der ältesten Familien Neuenglands an (»Die Goulds waren schon die Goulds«, sagte er immer, »als die Cabots und die Lowells noch nach Muscheln gruben«), er wurde geboren und großgezogen in einer Stadt bei Boston, wo sein Vater zu den führenden Bürgern gehörte, ebenso wie dessen Vater und der Großvater vor ihm, doch er behauptete, er habe sich immer fehl am Platz gefühlt, bis er nach New York gekommen sei. »In meiner Heimatstadt«, schrieb er einmal, »habe ich mich nie zu Hause gefühlt. Ich fiel auf. Nicht einmal im eigenen Haus habe ich mich zu Hause gefühlt. In New York, besonders in Greenwich Village, unter den Spinnern und Außenseitern und den Einzylindern und den Vergessenen und Vielleicht-Gewordenen und Möchtegernen und Aussichtslosen und weiß Gott was noch alles, da habe ich mich immer zu Hause gefühlt.«

Gould sah aus wie ein Pennbruder und lebte wie ein Pennbruder. Er trug abgelegte Kleider, er schlief in Absteigen und in den billigsten Zimmern billiger Hotels. Manchmal schlief er in Hauseingängen. Die meiste Zeit verbrachte er damit, in Diners und Cafeterias und Bars im Village zu sitzen oder die Straßen zu durchstreifen oder Freunde und Bekannte in der ganzen Stadt zu besuchen oder in öffentlichen Bibliotheken zu sitzen und billige Aufsatzhefte voll zu schreiben. Meistens war er ziemlich schmutzig. Oft wusch er sich tagelang weder Gesicht noch Hände, und nur selten trug er ein gewaschenes Hemd oder einen gereinigten Anzug. In der Regel trug er ein Kleidungsstück so lange, bis jemand ihm ein neues gab, worauf er das alte wegwarf. Nur selten ließ er sich die Haare schneiden (»Jedes zweite Ostern«, sagte er), und dann in einer Friseurschule in der Bowery. Er litt an einer hochansteckenden Form chronischer Bindehautentzündung. Er näselte irritierend. Hin und wieder stahl er. Meistens waren es Bücher aus Buchhandlungen, die er dann an Antiquariate verkaufte, und wenn er besonders knapp war, bestahl er auch Freunde. (In einer bitterkalten Nacht klopfte er einmal bei einem Bildhauer, der fast genauso arm war wie er, an die Ateliertür, der Bildhauer ließ ihn die Nacht bei sich auf dem Atelierboden schlafen, eingepackt wie eine Mumie in Zeitungen und Abdecktüchern für Skulpturen, und am nächsten Morgen stand er früh auf, stahl einige Werkzeuge des Bildhauers und versetzte sie.)

Zudem war er albern, wichtigtuerisch, neugierig, klatschsüchtig, spöttisch, sarkastisch und unflätig.

Dennoch gaben ihm all die Jahre hindurch eine lange Reihe von Männern und Frauen alte Kleider und kleine Geldbeträge, spendierten ihm etwas zu essen und zu trinken, bezahlten für seine Unterkunft, luden ihn auf Partys ein und zu Wochenenden auf dem Land, verschafften ihm Dinge wie eine Brille oder ein Gebiss und interessierten sich auch darüber hinaus für ihn – manche einfach nur, weil sie ihn unterhaltsam fanden, manche, weil er ihnen Leid tat, manche aus Sentimentalität, weil sie ihn für ein Relikt des Village ihrer Jugend hielten, manche, weil sie sich gern überlegen fühlten, manche aus Gründen, derer sie sich selbst nicht so recht bewusst waren, und manche, weil sie glaubten, das Buch, an dem er viele Jahre gearbeitet hatte, könnte sich als gut, ja, als großartig erweisen, und ihn ermuntern wollten, weiter daran zu arbeiten.

Gould nannte dieses Buch »Eine erzählte Geschichte«, manchmal fügte er »unserer Zeit« hinzu. Seiner Beschreibung nach bestand das Buch aus Gesprächen, die er gehört und für bedeutungsvoll gehalten und die er, Wort für Wort oder zusammengefasst, aufgeschrieben hatte – das reichte von einer auf der Straße mitgehörten Bemerkung bis hin zu stundenlangen Unterhaltungen eines ganzen Zimmers voller Leute –, und aus Aufsätzen, in denen er diese Gespräche kommentierte. Manche Gespräche, sagte er, hätten ihre offenkundige Bedeutung und sonst keine, andere hätten, oft ohne dass sich der Sprechende dessen bewusst sei, mindestens noch eine weitere und manchmal sogar mehrere andere, die in ihrer offenkundigen Bedeutung verborgen seien. Letztere Gespräche, sagte er, habe er für die Erzählte Geschichte gesammelt. Er behauptete, in solchen Gesprächen sei etwas von großer historischer Bedeutung verborgen. Es könnten Omen darin enthalten sein, sagte er – Vorzeichen von Kataklysmen, eine Art Menetekel lange vor dem Niedergang des Königreichs –, und dazu zitierte er gern einen Zweizeiler aus William Blakes »Weissagungen der Unschuld«:

Der Hure laut Geschrei und Fluch
Wird weben Englands Leichentuch.

Alles hänge davon ab, sagte er, wie die Gespräche interpretiert würden, und nicht jeder sei in der Lage dazu. »Ja, Sie haben Recht«, sagte er einmal zu einem Kritiker der Erzählten Geschichte. »Es sind nur Dinge, die ich die Leute habe sagen hören, aber vielleicht habe ich ja eine besondere Fähigkeit – vielleicht kann ich die Bedeutung dessen, was die Leute sagen, verstehen, vielleicht kann ich die innere Bedeutung lesen. *Sie* könnten der Unterhaltung zweier alter Männer in einer Bar oder zweier alter Frauen auf einer Parkbank zuhören und meinen, es sei das schlimmste Gefasel, während *ich* derselben Unterhaltung zuhören und eine tiefe historische Bedeutung darin entdecken würde.«

»Irgendwann einmal«, sagte er bei anderer Gelegenheit, »lesen die Leute vielleicht Goulds Erzählte Geschichte, um zu sehen, was mit uns schief gelaufen ist, so wie wir Gibbons ›Verfall und Untergang‹ lesen, um zu sehen, was bei den Römern schief lief.«

Er erzählte den Leuten, denen er in den Kneipen des Village begegnete, dass die Erzählte Geschichte schon Millionen und Abermillionen Wörter lang und ohne jeden Zweifel das längste unveröffentlichte Werk sei, das es gebe, dass es aber von der Fertigstellung noch weit entfernt sei. Er sagte, er glaube nicht, dass es noch zu seinen Lebzeiten erscheine, da die Verleger ja blind wie die Fledermäuse seien, und manchmal kramte er in seinen Taschen, zog ein diesbezügliches Testament heraus und las es laut vor. »Sobald als es nach meinem Ableben allen Beteiligten passend erscheint«, führte er in seinem Testament aus, »sollen meine Manuskripthefte von den verschiedenen und diversen Orten, an denen sie lagern, eingesammelt und auf die Waage gelegt und gewogen werden, und zwei Drittel davon sollen der Harvard Library und das andere Drittel soll der Bibliothek der Smithsonian Institution zufallen.«

Gould schrieb fast ausschließlich in Aufsatzhefte, wie Schulkinder sie verwenden, linierte, fadengeheftete und in Papier gebundene, auf deren Rückseite die Multiplikationstabelle abgedruckt ist. Hatte er ein Heft voll, ließ er es in der Regel bei derjenigen Person, der er als erster auf seinen Runden begegnete und die er kannte und der er vertraute – beim Kassierer einer Gaststätte, dem Besitzer einer Bar, dem Angestellten eines Hotels oder einer Absteige –, und bat darum, es für ihn wegzulegen und aufzubewahren. Alle paar Monate ging er dann vom einen zum anderen und holte alle Hefte ab, die sich angesammelt hatten. Fragte man ihn danach, dann sagte er, er lagere sie im Haus eines alten

Freundes oder in der Wohnung eines alten Freundes oder im Atelier eines alten Freundes. Kaum je benannte er diese alten Freunde mit Namen, allerdings beschrieb er zuweilen einen von ihnen kurz und vage – »ein Studienfreund von mir, der in Connecticut lebt und einen großen Dachboden in seinem Haus hat«, sagte er dann, oder »eine Bekannte von mir, die in einer zweistöckigen Wohnung wohnt«, oder »ein Bildhauer, den ich kenne, der in einem Loftgebäude ein Atelier hat«. Wenn er über die Erzählte Geschichte redete, betonte er immer deren Länge und Masse. Er hielt einen über die Länge auf dem Laufenden. An einem Juniabend im Jahr 1942 erzählte er beispielsweise einem Bekannten, die Erzählte Geschichte sei zurzeit »ungefähr neun Millionen zweihundertfünfundfünfzigtausend Wörter lang, oder«, setzte er hinzu und warf stolz den Kopf zurück, »ungefähr ein dutzend Mal so lang wie die Bibel.«

1952 brach Gould auf der Straße zusammen und wurde ins Columbus Hospital gebracht. Vom Columbus wurde er nach Bellevue verlegt, vom Bellevue ging es weiter zum Pilgrim State Hospital in West Brentwood auf Long Island. Dort starb er 1957 im Alter von achtundsechzig Jahren an Arteriosklerose und Altersschwäche. Unmittelbar nach der Beerdigung machten sich Freunde von ihm aus dem Village auf die Suche nach dem Manuskript der Erzählten Geschichte. Nach einigen Tagen hatten sie drei Dinge zu Tage gefördert, die er geschrieben hatte – ein Gedicht, ein Aufsatzfragment und einen Bettelbrief. Im Verlauf eines weiteren

Monats fanden sie noch einige Bettelbriefe. Danach fanden sie gar nichts mehr. Sie machten dutzende von Leuten ausfindig, in deren Obhut Gould einige der Aufsatzhefte gelassen haben könnte, und befragten sie, und sie besuchten alle Orte, wo er ihrer Erinnerung oder dem Hörensagen nach gelebt oder sich herumgetrieben hatte, jedoch ohne Erfolg. Kein einziges der Aufsatzhefte wurde gefunden.

Im Jahr 1942 bekam ich aus Gründen, die ich später erläutern werde, mit Gould zu tun und hielt während seiner letzten zehn Jahre in der Stadt Kontakt mit ihm. Während jener Jahre verbrachte ich einige Zeit damit, ihm zuzuhören. Ich hörte ihm zu, wenn er nüchtern war, ich hörte ihm zu, wenn er betrunken war. Ich hörte ihm zu, wenn er niedergeschlagen und bedrückt war, – wenn er, wie er sagte, sich so mies fühlte, dass er nach oben langen musste, um seinen Tiefpunkt zu erreichen –, und ich hörte ihm zu, wenn er aus unerklärbaren Gründen in Hochstimmung war. Nach und nach konnte ich mir einen Reim darauf machen und wenigstens ein wenig begreifen, was er sagte, wenn er sehr betrunken oder sehr überschwänglich war oder beides zugleich, und allmählich erfuhr ich, ohne dass es meine Absicht gewesen wäre, einiges über ihn, was ihm vielleicht gar nicht recht gewesen wäre, oder auch, da er immer gern um die Ecke dachte und es gern kompliziert hatte, dass ihm dies vielleicht sehr wohl recht gewesen wäre – genau werde ich es nie wissen. Wie auch immer, ich glaube zu wissen, warum das Manuskript der Erzählten Geschichte nie gefunden wurde.

Als Gould starb, fasste ich den Entschluss, dies ebenso wie manche andere Dinge über ihn, die ich unwillentlich erfahren hatte, für mich zu behalten – sie preiszugeben, so dachte ich damals, wäre illoyal; sollte die tote Vergangenheit ihre Toten begraben –, doch seither bin ich zu dem Ergebnis gekommen, dass mein Beschluss sinnlos war und ich sagen sollte, was ich weiß, und das werde ich nun tun.

Doch bevor ich fortfahre, sollte ich vielleicht erklären, wie ich zu diesem Ergebnis gekommen bin.

Als ich vor einigen Monaten einmal versuchte, in meinem Büro ein wenig Platz zu schaffen, stieß ich auf eine Sammlung Papiere, die mit Gould zu tun hatten und die eine halbe Schublade in einem Aktenschrank füllten: Aufzeichnungen von Gesprächen mit ihm, Briefe von ihm und Briefe von anderen über ihn, kleine Zeitschriften, die Aufsätze und Gedichte von ihm enthielten, Zeitungsausschnitte über ihn, Zeichnungen und Fotografien von ihm und Ähnliches. Lange bevor er ins Pilgrim State eingeliefert wurde, hatte ich weitgehend das Interesse an ihm verloren – mit zunehmendem Alter verstärkten sich seine Fehler, und selbst jene, die ihm am gewogensten waren und ihn weiterhin sahen, fürchteten ihn – doch als ich die Mappen durchsah, um zu entscheiden, was ich behalten und was ich wegwerfen sollte, wurde mein Interesse an ihm wieder wach. In den Mappen fand ich neunundzwanzig Briefe, Notizen und Postkarten von ihm. Zunächst überflog ich sie nur flüchtig, dann aber las ich alles sorgfältig durch. Einen Brief fand ich besonders interessant. Er datiert vom 12., 17. oder 19. Februar (der wievielte, war unmöglich zu erkennen) 1946; seine Schrift war zittrig geworden, und schwer zu lesen war sie schon immer gewesen.

»Gestern Abend traf ich in der Minetta Tavern einen Bekannten, einen jungen Maler, und seine Frau«, schrieb er, »und sie sagten mir, sie seien neulich auf einer Party im Atelier einer Malerin namens Alice Neel gewesen, die eine alte Freundin von mir ist, und im Laufe des Abends habe Alice ihnen ein Porträt von mir gezeigt, das sie vor einigen Jahren gemacht hatte. Ich fragte sie, wie sie es fanden. Die Frau des jungen Malers sprach als Erste. ›Es ist eines der schockierendsten Bilder, die ich je gesehen habe‹, sagte sie. Und er pflichtete ihr bei. ›Das kannst du laut sagen‹, sagte er. Das freute mich ungemein, besonders die Reaktion des jungen Mannes, da er ein bedeutender abstrakter Künstler ist und in der ersten Reihe der Avantgarde steht und sich kaum einmal von einem Bild beeindrucken lässt, es sei denn, es ist völlig bedeutungslos und wurde ungefähr eine halbe Stunde zuvor fertig gestellt. Ich saß für das Bild 1933, das ist schon dreizehn Jahre her, und dass die Leute es noch immer schockierend finden, spricht für das Bild. Es spricht sehr für die Möglichkeit, dass es eine der Eigenschaften haben könnte, die allen großen Gemälden gemein ist: die Kraft, Bestand zu haben. Vielleicht habe ich Ihnen schon einmal über dieses Bild geschrieben oder davon gesprochen, ich weiß es nicht mehr genau. Wenn ja, seien Sie nachsichtig; mein Gedächtnis wird immer schlechter. In den Ateliers der

Stadt stehen einige Bilder, die Leuten in der Kunstwelt recht gut bekannt sind, die aber nicht in Galerien oder Museen gezeigt werden können, weil sie wahrscheinlich für obszön gehalten werden und der Galerie oder dem Museum Schwierigkeiten bereiten könnten, und dieses gehört dazu. Über die Jahre haben es hunderte von Leuten gesehen, viele davon Maler, die ihre Bewunderung dafür zum Ausdruck gebracht haben, und ich habe so eine Ahnung, dass es irgendwann einmal, wenn sich die Leute an das so genannte Obszöne gewöhnt haben, in der Whitney oder im Metropolitan hängt. Alice Neel kommt aus einer Kleinstadt bei Philadelphia und besuchte die Designschule für Frauen in Philadelphia. Sie hatte einmal ein Atelier im Village, ist aber schon lange weggezogen. Bei vielen Malern ihres Alters und ihrer Generation genießt sie hohes Ansehen, der Allgemeinheit ist sie allerdings nicht weiter bekannt. Ihre Arbeiten sind in bedeutenden Sammlungen enthalten, dieses aber könnte ihre beste sein. Ihre beste Arbeit, und sie kann öffentlich nicht gezeigt werden. Eine Art Untergrund-Meisterwerk. Es wäre schön, wenn Sie es sich einmal ansehen würden. Es würde mich interessieren, was Sie davon halten. Natürlich zeigt sie es nicht jedem, der sie danach fragt, aber ich gebe Ihnen ihre Telefonnummer, und wenn Sie ihr sagen, dass ich möchte, dass Sie es sehen, wird sie es Ihnen auch bestimmt zeigen ...«

An dem Tag, als ich den Brief erhielt, hatte ich, wie ich mich erinnerte, mehrmals versucht, Miss Neel zu erreichen, doch niemand hatte abgenommen, woraufhin ich den Brief abgelegt hatte, und Gould hatte auch nie wieder davon gesprochen, sodass ich die Sache vergaß. Nun aber rief ich Miss Neel aus einem Impuls heraus an und erreichte sie auch. Sie sagte, natürlich könne ich mir das Porträt ansehen, und gab mir die Adresse ihres Ateliers. Die Adresse erwies sich als ein Wohnblock in einem Neger- und Puertoricanerviertel an der Upper East Side, und Miss Neel erwies sich als eine würdevolle, zurückhaltende, gut aussehende Frau Mitte fünfzig. Ihr Atelier nahm das gesamte dritte Stockwerk des Gebäudes ein. In einem Zimmer stand an der Wand ein Gestell mit zwei Böden, vollgestapelt mit Bildern. Das Porträt Goulds, sagte sie, liege auf dem oberen Boden. Sie musste auf einen Stuhl steigen und mehrere andere Bilder herausholen, um dranzukommen. Beim Herausnehmen hielt sie sie für mich hoch und machte Bemerkungen dazu, und ihre Bemerkungen waren so knapp, dass sie kryptisch wirkten. Ein Bild zeigte einen älteren Mann, der in einem Sarg lag. »Mein Vater«, sagte sie. »Leitender Angestellter in der Tagesabteilung.« »Verzeihen Sie«, sagte ich und überlegte, was wohl eine Tagesabteilung war, ohne es jedoch eigentlich wissen zu wollen, »die Tagesabteilung wovon?« »Ich muss Sie um Verzeihung bitten«, sagte sie. »Von der Pennsylvania Railroad in Philadelphia.« Auf einem anderen Gemälde war ein junger Puertoricaner zu sehen, der auf einem Krankenhausbett saß und mit großen Augen in die Ferne starrte. »TB«, sagte sie. »Im Sterben, aber dann doch nicht. Erholte sich wieder und wurde kodeinsüchtig.« Ein anderes zeigte eine Frau bei der Geburt. Dann kam das Bild eines kleinen, bärtigen, knochigen, schlaksigen Mannes mit runden Schultern, der bis auf die Brille splitternackt war, und das war das Porträt Goulds. Es war ein ziemlich großes Bild, und Gould wirkte darauf beinahe lebensgroß. Der Hintergrund war vage gehalten; es schien, als sitze er auf einer Holzbank in einem Dampfbad und wartete darauf, dass der Dampf kam. Seine knochigen Hände lagen auf den knochigen Knien, und die Rippen waren deutlich zu sehen. Ein männliches Geschlechtsteil saß an seinem richtigen Ort, ein anderes ragte heraus, wo sein Nabel hätte sein sollen, und noch eines wuchs aus der Holzbank heraus. Anatomisch war das Bild fantastisch und grotesk, aber nicht besonders schockierend; abgesehen von der Fülle der Geschlechtsorgane war es eine strenge und nüchterne Studie eines unterernährten Mannes mittleren Alters. Schockierend aber war der Gesichtsausdruck Goulds. Gelegentlich war Gould in einer seiner Village-Kneipen oder auf einer Party so von sich eingenommen, dass er jäh aufsprang und durch den Raum rannte, sich vor Frauen jeden Alters, jeder Größe und Zugänglichkeit verbeugte und sie zum Tanz aufforderte, manchmal auch versuchte, sie zu umarmen und zu küssen. Nach einer Weile, wenn er sich überall einen Korb geholt hatte, verlor er die Lust daran. Dann ahmte er den Flug einer Möwe nach. Er hüpfte und sprang und hopste und schlitterte umher, schwang die Arme auf und ab und schrie dabei wie eine Möwe. »Krei-isch!«, schrie er. »Ich bin eine Möwe.« Das tat er, bis man ihn nicht mehr beachtete und sich weiter unterhielt. Um die Aufmerksamkeit wieder auf sich zu ziehen, zog er sodann Jackett und Hemd aus, warf beides hin und führte einen geräuschvollen Tanz auf, bei dem er in die Hände klatschte, sich gegen die Brust schlug und mit den Füßen aufstampfte. »Ruhe!«, rief er. »Ich tanze. Das ist ein heiliger Tanz. Ein Indianertanz. Es ist der Vollmondtanz der Chippewas.« Seine Augen blitzten, sein Unterkiefer hing herab wie bei einem Hund im Hochsommer, und auf seinem Gesicht erschien ein lüsterner, ausgelassener, süßlich-enthemmter Ausdruck, halb satanisch, halb albern. Und diesen Ausdruck hatte Miss Neel eingefangen. »Joe Gould war sehr stolz auf dieses Bild und kam immer wieder, um sich davor zu setzen und es zu betrachten«, sagte Miss Neel. Sie musterte Goulds Gesicht mit Zuneigung und Belustigung, aber auch, wie mir schien, mit einer gewissen Beklommenheit. »Ich habe es ›Joe Gould‹ genannt«, fuhr sie fort, »aber eigentlich müsste ich es ›Porträt eines Exhibitionisten‹ nennen.« Um sogleich hinzuzufügen: »Damit will ich nicht sagen, dass Joe Exhibitionist war. Bestimmt war er keiner – im engeren Sinn. Aber ehrlich gesagt, wenn ich ihn vor Jahren auf einer Party beobachtete, hatte ich oft das Gefühl, als wäre in ihm ein alter Exhibitionist eingesperrt, der versuchte herauszukommen, wie eine Spinne, die in einer Flasche eingeschlossen ist. Ganz tief in ihm drin. Ein grässlicher alter Exhibitionist – wie man sie spätnachts in der U-Bahn sieht. Und er wusste es gar nicht unbedingt. Deshalb habe ich ihn so gemalt.« Plötzlich merkte ich, dass ich innerlich den wirklichen Joe Gould – oder wenigstens den Joe Gould, wie ich ihn gekannt hatte – durch einen gereinigten Joe Gould, einen gestorbenen Joe Gould, ersetzt hatte. Indem ich den unrühmlichen vergessen oder ihn langsam in den rühmlichen verwandelt hatte, wie man es gern tut, wenn man an die Toten denkt, hatte ich ihm gewissermaßen seine Achtbarkeit zurückgegeben. Und als ich nun auf dieses schamlose Gesicht auf dem Gemälde blickte, stellte sich in mir wieder das wahre Bild von ihm ein, und ich schloss, wenn es dem wirklichen Joe Gould möglich war, in dieser Sache überhaupt einen Standpunkt zu haben, dann wäre es ihm alles andere als unangenehm, wenn ich etwas über ihn erzählte, was ich nur zufällig wusste. Ganz im Gegenteil.

Ich lernte Gould im Winter 1932 kennen. Damals war ich Zeitungsreporter und bearbeitete überwiegend Polizeinachrichten. Hin und wieder berichtete ich über eine Verhandlung am Frauengericht, das damals im Gerichtsgebäude am Jefferson Market war, Sixth Avenue Ecke Tenth Street, im Greenwich Village. Einen Block unterhalb des Gerichtsgebäudes befand sich ein griechisches Restaurant namens Athens, das zumeist von Leuten besucht wurde, die am Gericht arbeiteten oder dort häufig zu tun hatten. Zumeist saßen sie an einem langen Tisch gegenüber der Kasse, und manchmal setzte sich auch Harry Panagakos, der Besitzer, dazu. Eines Nachmittags saß ich während einer Gerichtspause an diesem Tisch und trank mit Panagakos, einem Bewährungshelfer, einem Kautionsbürgen und ein paar Kriminalbeamten von der Sitte einen Kaffee, als ein eigenartiger kleiner Mann hereinkam. Er war einen Meter sechzig oder dreiundsechzig groß und ziemlich dünn; er konnte kaum mehr als neunzig Pfund gewogen haben. Er war barhäuptig und hielt den Kopf schräg auf die Seite geneigt wie ein Sperling. Er hatte lange Haare und einen buschigen Bart. Auf der Stirn waren Schmutzstreifen, anscheinend, weil er sich dort mit den Fingern gerieben hatte. Er trug einen Mantel, der ihm um einiges zu groß war; er streifte fast über den Boden. Um sich die Hände zu wärmen, hielt er sie fest umklammert – es war ein bitterkalter Tag –, und die Ärmel des Mantels ragten darüber, sodass eine Art Muff entstand. Trotz des Bartes hatte der barhäuptige Mann in dem zu großen Mantel und mit dem schmutzigen Gesicht etwas Kindliches und Verlorenes: Er war wie ein Kind, das mit anderen auf dem Dachboden Erwachsenenkleider anprobiert hatte und, nachdem es keine Lust mehr dazu gehabt hatte, davongetrödelt war. Ein paar Augenblicke stand er reglos da, um sich zu orientieren, dann trat er zu Panagakos und sagte: »Kann ich jetzt schon was zu essen haben, Harry? Ich kann nicht bis heute Abend warten.« Zunächst wirkte Panagakos verärgert, zuckte dann aber die Schultern und bedeutete dem Mann, sich irgendwo hinzusetzen, er werde gleich in die Küche gehen und dem Koch sagen, er solle ihm etwas zurechtmachen. Erheblich erleichtert lief der Mann eilig den Gang zwischen zwei Tischreihen entlang. Genauer gesagt, er hastete den Gang entlang. »Wer in Gottes heiligem Namen ist das denn?«, fragte einer der Beamten. Panagakos sagte, der Mann sei einer der Bohemiens aus dem Village. Er meinte, die Bohemiens seien am Verhungern – der Winter 1932 war der schlimmste während der Wirtschaftskrise in New York – und dass er es sich angewöhnt habe, einige durchzufüttern. Er sagte, die Kellner legten Steaks und Koteletts beiseite, die die Leute nicht aufgegessen hatten, und anderes Essen, das noch auf dem Teller war, und wickelten alles in Wachspapier, steckten es in Papiertüten und bewahrten es für die Pennbrüder auf. Panagakos sagte, er verlange nur, dass sie bis kurz vor Mitternacht, wenn er schließe, warteten, um ihr Essen abzuholen, damit ihr Anblick, wenn einer nach dem anderen hereinmarschiert kam, nicht die zahlenden Gäste störte. Er sagte, diesem werde er eine Suppe und ein Sandwich geben, werde ihm aber sagen, er solle nicht noch einmal so früh kommen. Der Beamte fragte, ob der Mann Dichter oder Maler sei. »Ich weiß nicht, wie man ihn nennen soll«, sagte Panagakos. »Er heißt Joe Gould, und angeblich schreibt er an dem längsten Buch der Weltgeschichte.«

Ende der dreißiger Jahre hängte ich meinen Zeitungsjob an den Nagel und arbeitete für den *New Yorker*. Etwa um diese Zeit zog ich auch ins Village und sah Gould nun häufiger. Ich sah ihn flüchtig, wie er in eine der Bars an der unteren Sixth Avenue ging oder gerade herauskam – die Jericho Tavern oder die Village Square Bar & Grill, das Belmar, Goody's oder das Rochambeau. Ich sah ihn, wie er an einem Tisch in der Zweigstelle der öffentlichen Bibliothek am Jackson Square saß und schrieb, ich sah ihn, wie er im größten Postamt des Village – dem in der Tenth Street – seinen Füllfederhalter auffüllte, ich sah ihn, wie er zwischen den jungen Müttern und den alten Alkoholikern in dem rußüberzogenen, taubenumflatterten, krümelübersäten, zeitungsbestreuten, von Liguster erstickten sargförmigen kleinen Park am Sheridan Square saß. Zu jener Zeit arbeitete ich ziemlich viel nachts, und hin und wieder sah ich ihn auf dem Heimweg gegen zwei, drei Uhr morgens auf der Sixth Avenue oder in einer Seitenstraße, wie er vornübergebeugt langsam dahinschlich, offenbar ohne bestimmtes Ziel, praktisch immer allein, praktisch immer eine ausgebeulte braune Pappmappe unterm Arm, manchmal vor sich hin murmelnd. Für mich war er eine alte, enigmatische, gespenstische Gestalt, ein Verbannter. Nie sah ich ihn, ohne an Coleridges »alten Matrosen«, an den Ewigen Juden oder den Fliegenden Holländer zu denken oder an einen stummen Alten namens Swamp Jackson, der allein in einer Hütte am Rande eines Sumpfes in der Nähe der kleinen Bauernstadt im Süden, aus der ich komme, hauste und der nachts auf den schmalen Landstraßen umherstreifte, oder an einen jener Männer, über die ich als Kind immer rätselte, wenn ich die Bibel las, die wegen Übertretungen, die mir unerklärlich schienen, »verstoßen« waren.

Eines Vormittags im Sommer 1942, ich saß in meinem Büro im *New Yorker,* musste ich an Gould denken – ich hatte ihn in der Nacht zuvor auf der Straße gesehen –, und mir kam der Gedanke, dass er sich gut für ein Porträt eignen könnte. Anhand einiger Notizen, die ich mir damals gemacht hatte – ich machte mir praktisch zu allem Notizen, was mit Gould zu tun hatte, und auch die befanden sich bei den anderen Erinnerungen an Gould in dem Aktenschrank –, war es der Vormittag des 10. Juni 1942, ein Mittwoch. Ich hatte gerade Zeit, mit etwas Neuem anzufangen, also ging ich zu einem der Redakteure, um die Sache mit ihm zu besprechen. Ich erinnere mich, dem Redakteur gesagt zu haben, ich hielte Gould für das Idealbeispiel des Exzentrikers, wie er in New York weit verbreitet sei, des einsamen nächtlichen Wanderers, und dass dies der Aspekt sei, der mich am meisten interessiere, dies und die Erzählte Geschichte, nicht aber seine Lebensweise; ich hatte schon eine ganze Reihe Bohemiens aus dem Greenwich Village interviewt, und die hatten sich zu meiner Überraschung als Nervensägen erwiesen. Der Redakteur meinte, ich solle es versuchen.

Ich fürchtete, es könnte schwierig werden, Gould dazu zu bewegen, von sich zu erzählen – ich wusste ja praktisch gar nichts über ihn und hatte den Eindruck, er sei streng und unnahbar –, und fand es daher besser, zunächst einmal mit einigen Leuten zu reden, die ihn kannten oder wenigstens mit ihm bekannt waren, um zu sehen, auf welchem Weg ich am besten an ihn herankam. Ich verließ die Redaktion gegen elf und ging im Village in etliche Lokale in der Sixth Avenue, wo ich Goulds Namen erwähnte und mit Barkeepern und Kellnern ins Gespräch kam und auch mit alten Villagern unter den Gästen, an die sie mich verwiesen hatten. Am

Nachmittag telefonierte ich dann mit der Telefonistin in der Redaktion, um zu fragen, ob Nachrichten für mich da seien, was ich immer tat, wenn ich unterwegs war, und sogleich schaltete sie mich zum Empfang weiter, wo man mir sagte, da sitze ein Mann und warte schon gut eine Stunde auf meine Rückkehr. »Ich hole ihn an den Apparat«, sagte sie. »Hallo, hier ist Joe Gould«, sagte der Mann. »Ich habe gehört, dass Sie mit mir sprechen wollten, also bin ich vorbeigekommen, aber jetzt ist es so, ich muss in die Augen- und Ohrenklinik in der Second Avenue Ecke Thirteenth Street, um mir ein Rezept für ein Augenleiden, das ich schon länger habe, abzuholen, und wenn es eine bestimmte Art Rezept ist, kostet es nichts, wenn es aber eine andere Art ist, könnte es so um die zwei Dollar kosten, und ich habe gerade festgestellt, dass ich kein Geld dabei habe, und es wird schon spät, und ob Sie wohl Ihre Empfangsdame bitten könnten, mir zwei Dollar zu leihen, die können Sie ihr dann wiedergeben, wenn Sie zurückkommen, und wir könnten uns dann jederzeit treffen, wann Sie wollen, und uns unterhalten, und dann gebe ich Ihnen das Geld zurück.« Die Empfangsdame schaltete sich ein und sagte, sie werde ihm das Geld leihen, und dann war wieder Gould dran, und wir vereinbarten ein Treffen am nächsten Morgen um halb zehn in einem Diner namens Jefferson in der Sixth Avenue im Village. Er schlug Zeit wie auch Ort vor.

Als ich in die Redaktion kam, gab ich der Empfangsdame ihre zwei Dollar. »Er war ein furchtbar schmutziger kleiner Mann und schrecklich neugierig«, sagte sie,

»ich war froh, als er endlich weg war.« »Worauf war er denn so neugierig?«, fragte ich. »Also, erst einmal«, sagte sie, »wollte er wissen, wie viel ich verdiene. Und dann«, fuhr sie fort, während sie mir ein zusammengefaltetes Papierchen reichte, »gab er mir, als er ging, diesen Zettel und sagte, ich solle ihn erst lesen, wenn er im Fahrstuhl sei.« Auf dem Zettel stand: »Sie haben schöne Schultern, ich würde sie gern küssen.« »Für Sie hat er auch einen Zettel dagelassen«, sagte sie und reichte mir ein weiteres zusammengefaltetes Papierchen. Darauf stand: »Eigentlich ist halb zehn ein wenig früh für mich. Sagen wir lieber elf.«

Das Jefferson – es existiert nicht mehr – war einer jener großen, geräumigen Diner mit Jukebox. Es lag an der Westseite der Sixth Avenue, wo sich Sixth Avenue, Greenwich Avenue, Village Square und Eighth Street schnitten, also mitten im Herzen des Village. Es hatte Tag und Nacht geöffnet und war ein beliebter Treffpunkt. Es hatte eine Theke mit einer langen Reihe wackeliger Hocker sowie eine Reihe Tische. Als ich um elf eintraf, saß Gould auf dem ersten Thekenhocker, den Blick zur Tür gerichtet und auf dem Schoß seine schmierige alte Pappmappe, und er sah so schlimm aus, wie ich ihn bisher nie gesehen hatte. Er trug einen schlappen Seersucker-Anzug, ein schmutziges Buttondown-Hemd von Brooks Brothers, dessen Kragen ausgefranst war, und schmutzige Turnschuhe. Sein Gesicht war grünlich-grau, und der rechte Mundwinkel zuckte unkontrolliert. Seine Augen waren blutunterlaufen. Oben auf dem Kopf war er kahl, doch die Haare hinten und an den Seiten standen in alle nur möglichen Richtungen ab. Sein Bart war ungepflegt, und um den Mund herum hatte Zigarettenrauch die Haut gelb gefärbt. Er trug eine Brille, die locker und schief saß und ihm fast bis auf die Nasenspitze hinabgerutscht war. Als ich hereinkam, hob er ein wenig den Kopf und sah mich an, sein Gesicht war aufmerksam und wach und dabei doch so müde und distanziert, so fern und gedankenverloren, dass es beinahe teilnahmslos wirkte. Er sah mich direkt an, aber eigentlich direkt durch mich hindurch. Einen solchen trügerisch leeren Gesichtsausdruck hatte ich auf den Gesichtern alter Monstrositäten gesehen, die im Monstrositätenkabinett auf dem Podium saßen, oder auf den Gesichtern alter Affen sonntagsnachmittags im Zoo.

Ich ging zu Gould hin und stellte mich ihm vor, worauf er sich sofort aufrichtete. »Wie ich höre, möchten Sie etwas über mich schreiben«, sagte er mit munterer, näselnder Stimme, »und ich begrüße Sie am Beginn eines großen Unterfangens.« Nachdem er dies gesagt hatte, stockte er und schien sein Selbstvertrauen zu verlieren. »Ich habe letzte Nacht nicht viel geschlafen«, sagte er. »Ich bin nicht nach Hause gekommen. Das heißt, nicht zu der Absteige, in der ich in letzter Zeit gewohnt habe. Ich habe auf den Stufen von St. Joseph's R. C. geschlafen, bis sie für die erste Messe die Türen aufgemacht haben, und dann bin ich hinein und habe dort bis vor wenigen Minuten auf einer Bank gesessen.« St. Joseph's an der Sixth Avenue Ecke Washington Place ist die wichtigste katholische Kirche im Village und eine der ältesten der Stadt; vor dem Portal befinden sich zwei große, freistehende Säulen, hinter denen, von der Straße abgeschirmt, schon Generationen Unglücklicher geschlafen haben. »Als ich heute Morgen da drin auf der Bank saß, bin ich schon zwei-, dreimal gestorben und begraben worden und zur Hölle gefahren«, fuhr Gould fort. »Ehrlich gesagt, ich habe einen Kater und bin pleite und habe einen schrecklichen Hunger, und ich fände es sehr nett, wenn Sie mir ein Frühstück spendieren könnten.«

»Aber natürlich«, sagte ich.

»Spiegeleier auf Toast!« rief er dem Mann hinter der Theke gebieterisch zu. »Und gleich einen Kaffee und zu den Eiern dann noch einen. Schwarzen Kaffee. Und sehen Sie zu, dass er heiß ist.« Er rutschte vom Hocker herab. »Wenn Sie etwas wollen«, sagte er zu mir, »machen Sie Ihre Bestellung, und wir setzen uns an einen Tisch. Die Kellnerin bringt es uns.«

Wir setzten uns hin, und die Kellnerin brachte Goulds Kaffee. Es war ein dicker, weißer Becher, wie man ihn im Diner bekommt, und der Kaffee war dampfend heiß. Dennoch kippte er den Becher sogleich ein wenig, ohne ihn vom Tisch zu heben, beugte sich vor und trank mit kleinen, vorsichtigen, raschen, vogelartigen, schlürfenden Schlucken, die durchsetzt waren von wimmernden Geräuschen der Freude und Erleichterung, und fast im Nu bekam sein Gesicht wieder Farbe, seine Augen leuchteten, und das Zucken verschwand. Nie hatte ich jemanden so schnell und so sichtbar auf Kaffee reagieren sehen; wahrscheinlich hätten Brandy oder Kokain, ein Sauerstoffzelt oder eine Bluttransfusion auch nicht mehr bewirkt. Auf diese Weise trank er den ganzen Becher leer, dann lehnte er sich zurück, hielt den Kopf schräg und sah mich an.

»Vermutlich bin ich Ihnen ein Rätsel«, sagte er. Sein Ton war herablassend; er hatte wieder Selbstvertrauen getankt. »Wenn ja«, fuhr er fort, »dann haben wir etwas gemein, denn auch ich bin mir ein Rätsel, und zwar seit meiner Kindheit. Ich bin wohl ein Wechselbalg oder ein Atavismus oder eine Art Mutant in einer angesehenen neuenglischen Familie. Ich möchte Ihnen ein paar biografische Fakten nennen. Mein voller Name ist Joseph Ferdinand Gould, ich wurde nach meinem Großvater benannt, der Arzt war. Im Bürgerkrieg war er Stabsarzt im Vierten Regiment, Massachusetts-Freiwillige, danach war er ein weithin bekannter Geburtshelfer in Boston und lehrte am medizinischen Institut in Harvard. Die Goulds, das heißt meine Vorfahren, leben seit ungefähr 1630 in Neuengland und haben in jedem Krieg der Geschichte des Landes gekämpft, einschließlich der Indianerkriege gegen King Philip und die Pequot. Wir sind mit vielen der anderen frühen Neuengland-Familien wie den Lawrences, den Clarkes und den Storers verwandt. Meine Großmutter väterlicherseits stammt direkt von John Lawrence ab, der 1630 auf der *Arabella* aus England kam und der erste Lawrence in diesem Land war, und sie konnte ihre Abstammung bis auf einen Ritter namens Robert Lawrence zurückverfolgen, der im zwölften Jahrhundert lebte. Sie sagte immer, die Lawrence-Linie, jedenfalls diese Lawrence-Linie, sei nicht nur eine der ältesten eindeutig zurückverfolgbaren Linien in ganz Neuengland, sondern auch eine der ältesten eindeutig zurückverfolgbaren in England selbst, und dass wir das nie vergessen sollten.«

Abrupt fing Gould an, sich zu kratzen. Er tat dies völlig unbefangen. Er kratzte sich im Genick, dann fuhr er mit den Händen in sein Hemd und kratzte sich Brust und Rippen.

»Ich sollte in Boston zur Welt kommen«, fuhr er fort, »doch so kam es nicht. Mein Vater, der Clarke Storer Gould hieß, war ebenfalls Arzt. Er war Bostoner, doch man hatte ihn dazu bewegt, wegzuziehen und in Norwood, Massachusetts, zu praktizieren, und er und meine Mutter hatten dort erst wenige Monate gelebt, als ich geboren wurde. Norwood ist eine ziemlich große alte Yankee-Stadt ungefähr zwanzig Kilometer südwestlich von Boston. Es ist ein Wohnvorort und verfügt auch über ein paar Druckereien, einige Schaffellgerbereien sowie eine Tintenfabrik und eine Leimfabrik. Ich wurde genau am Mittag des 12. September 1889 in einer Wohnung über Jim Hartshorns Fleischmarkt geboren. In Norwood wird das übrigens ›Jim Hatson‹ ausgesprochen. Ungefähr ein Jahr danach baute mein Vater ein großes Haus in der Washington Street, der Hauptstraße von Norwood. Washington Street vier-sechsundachtzig. Es hatte drei Stockwerke und einundzwanzig Zimmer, und es hatte Giebel und Mansardenfenster und Schmuckbalkone und Parkettböden, und es war eine der Sehenswürdigkeiten Norwoods. In unserer

Eingangshalle war ein Spiegel, der war zwei Meter vierzig hoch und mit goldenen Cherubim geschmückt. Um die Kamine herum waren wunderschöne Terrakotta-Fliesen. An den Treppenabsätzen waren rautenförmige Fenster, die rote, grüne, purpurne und bernsteingelbe Scheiben hatten.

Wie ich schon sagte, waren mein Großvater und mein Vater Arzt, und als ich heranwuchs, war mir durchaus bewusst, dass mein Vater hoffte, ich würde in seine Fußstapfen treten, so wie er in die Fußstapfen *seines* Vaters getreten war. Er sagte es nie, doch es war mir und allen anderen völlig klar, dass er das wollte. Ich liebte meinen Vater und wollte, dass er gut von mir dachte, doch seitdem ich als kleiner Junge einmal beim Anblick von Blut in Ohnmacht gefallen war, nachdem ich mit angesehen hatte, wie unsere Köchin einem Huhn den Hals umdrehte, wusste ich, dass ich ihm eine Enttäuschung bereiten würde, weil ich den Gedanken, Arzt zu sein, unerträglich fand; ich behielt es für mich, aber es war wirklich das Letzte, was ich einmal werden wollte. Nicht, dass mir etwas anderes vorgeschwebt hätte. Ehrlich gesagt, war ich in gar nichts so richtig gut – weder zu Hause noch in der Schule noch beim Spielen. Zunächst einmal war ich relativ klein; ich war ein Wicht, ein Zwerg, ein Gnom, ein laufender Meter, eine Kaulquappe. Mein Spitzname, wenn überhaupt jemand ihn benutzen wollte, war Pee Wee. Auch war ich ein, wie mein Vater sagte, katarratisches Kind – ständig lief mir die Nase. Meistens, wenn ich bei etwas aufpassen sollte, putzte ich mir gerade die Nase. Ganz allgemein war ich eben auch ungeschickt. Es ist nicht lange her, da sah ich etwas im Wörterbuch nach, und dabei stieß ich auf ein Wort, das zusammenfasst, wie ich damals war und wie ich im Übrigen auch heute noch bin – ›ambisinister‹, also mit zwei linken Händen. Mein Vater wusste nicht, was er mit mir anfangen sollte, und manchmal erwischte ich ihn dabei, wie er mich mit nachdenklicher Miene ansah.«

Gould stand auf, nahm seine schiefe Brille ab und spähte verzweifelt zu dem Mann hinter der Bar hin, der Goulds Bestellung offensichtlich hinauszögerte, bis er alle anderen im Diner bedient hatte, auch Leute, die erst hereingekommen waren, nachdem wir uns gesetzt hatten, doch der Mann ignorierte ihn bewusst und ließ sich nicht zu einem Blickkontakt bewegen.

»Egal«, fuhr Gould fort, während er sich resigniert wieder setzte, »als ich etwa dreizehn war, geschahen zwei Dinge, die mir ziemlich deutlich machten, wo mein Platz in der Welt war. In der Schule marschierten wir in die Aula in Zweierreihen, und genauso in die Pause. Ich konnte nie Gleichschritt halten, also stellten sie mich ans Ende der Reihe, wo ich die Nachhut bildete und allein marschierte. An jenem Tag musste ich nach dem Unterricht noch in der Schule bleiben, die Lehrerin hatte gesagt, ich solle ins Bibliothekszimmer gehen und mir ein Buch zum Lesen holen, und dort war ich allein und nicht zu sehen, ich hockte neben einem Regal hinten im Zimmer und überlegte gerade, welches der zwei Bücher ich nehmen sollte, als der Schulleiter mit einem der Lehrer, dem Mathelehrer, hereinkam.

Beide legten ein paar Bücher auf dem Tisch ab, dann standen sie kurze Zeit da und unterhielten sich über irgendwelche Sachen, als ich plötzlich den Schulleiter sagen hörte: ›Ist Ihnen heute der kleine Gould aufgefallen?‹ Der Mathelehrer sagte etwas, was ich nicht verstand, dann sagte der Schulleiter: ›Dieser widerliche kleine Bastard kann nicht mal mit sich selbst Gleichschritt halten.‹ Der Mathelehrer lachte und sagte noch etwas, was ich nicht verstand, dann gingen sie hinaus.

Nun war es so, dass mein Vater im Schulrat saß und sich sehr für die Schule interessierte, und er und der Schulleiter sahen einander recht häufig. Eigentlich waren sie ganz gut befreundet; der Schulleiter und seine Frau kamen öfters zum Abendessen zu uns, und mein Vater und meine Mutter gingen zu ihnen zum Abendessen. Folglich war die Bemerkung des Schulleiters ein tiefer Schock für mich. Es tat weh mitzuhören, dass ich widerlicher kleiner Bastard genannt wurde, am meisten aber schmerzte mich die Missachtung; die meinem Vater entgegengebracht wurde. ›Der kleine Gould!‹ Das zog meinen Vater mit hinein. Wenn er nur ›Joseph Gould!‹ gesagt hätte, dann wäre es nicht so schlimm gewesen. Dann wäre es auf mich beschränkt gewesen. Für mich war es so, als hätte der Schulleiter meinen Vater beleidigt. Auf jeden Fall hatte er sich hinter seinem Rücken über ihn lustig gemacht. Auf eine seltsame Art fühlte ich mich dadurch mehr mit meinem Vater verbunden als je zuvor, und er tat mir Leid deswegen – ich wollte es für ihn wieder gutmachen. An dem Abend ging ich also nach dem Abendessen in den Salon, wo er las, und sagte zu ihm: ›Vater, ich habe in letzter Zeit ein bisschen nachgedacht und bin zu dem Entschluss gekommen, dass ich Medizin studieren und Chirurg werden will.‹ Ich glaubte, es würde ihn doppelt freuen, wenn ich sagte, ich wollte Chirurg werden. ›Den Tag möchte ich erleben‹, sagte mein Vater, ›an dem du tatsächlich Chirurg wirst, und wenn du deine Operationen genauso machst wie alles andere, wenn du mit einem Patienten fertig bist, dann hast du seine Eingeweide so vermurkst, dass das Herz verkehrt herum dahängt und die Leber verdreht ist, und der Darm wäre um die Lungen geschlungen und die Blase mit der Luftröhre verbunden, und er würde auf Händen gehen und durch den Hintern atmen und aus dem linken Ohr Wasser lassen.‹«

Gould seufzte, und eine tiefe Traurigkeit glitt über sein Gesicht. »Diese Bemerkung habe ich meinem Vater lange übel genommen«, sagte er. »In all den Jahren habe ich mich immer wieder daran erinnert, und jedes Mal hat sie mich tief getroffen. Dann, Jahre später, als ich schon lange von zu Hause weg und mein Vater schon lange tot war, ging ich eines Abends hier in New York durch die Straßen und dachte zufällig daran, und es muss wohl das erste Mal gewesen sein, dass ich auf eine objektive Weise daran dachte, denn plötzlich lachte ich laut los.«

In dem Moment stellte die Kellnerin einen Teller mit Spiegeleiern auf Toast und noch einen Becher Kaffee vor Gould auf den Tisch. Kaum hatte sie sich abgewandt, nahm er eine Flasche Ketchup, die etwa halb voll war, und leerte sie auf den Teller, um die Eier herum. Dann sauste er zum nächsten Tisch und brachte eine weitere Flasche Ketchup mit, die vielleicht ein Drittel voll war, und leerte auch diese auf den Teller, wodurch Eier und Toast nun vollständig bedeckt waren. »Ich mag das verdammte Zeug nicht besonders«, sagte er, »aber ich mache es mir zur Gewohnheit, alles zu essen, was ich kriegen kann. Es ist das einzige mir bekannte Essbare, das es gratis gibt.« Er begann zu essen, erst mit der Gabel, sehr bald aber mit dem Löffel. »Manchmal gehe ich in ein Lokal und bestelle eine Tasse Tee«, sagte er vertraulich, »ich trinke ihn und bezahle ihn, dann bitte ich um eine Tasse heißes Wasser. Der Mann am Tresen glaubt, ich will mir mit demselben Teebeutel eine zweite Tasse machen, wogegen er nichts hat; das ist in Ordnung. Stattdessen aber gieße ich Ketchup hinein, sodass ich eine sehr gute Tasse Tomatenbouillon bekomme, gratis. Müssen Sie auch mal probieren.« Gould beendete sein Frühstück, und die Kellnerin kam, um seinen Teller abzuräumen. Als sie die leeren Ketchup-Flaschen sah, sagte sie: »Sie sollten eigentlich mehr Selbstachtung haben, als so etwas zu tun.« »Wenn ich Hunger habe, habe ich keine Selbstachtung«, sagte Gould. »Und überhaupt war ich das gar nicht.« Er zeigte mit dem Kopf in meine Richtung. »Er war's«, sagte er. »Er hat beide Flaschen umgedreht und ausgetrunken. Das hätten Sie hören sollen. Gluck, gluck, gluck! War ganz schön peinlich. Und überhaupt – Leute wie Sie kriegen das anscheinend nie in den Kopf – ich bin nicht irgendwer. Ich bin Joe Gould – ich bin Joe Gould, der Dichter, ich bin Joe Gould, der Historiker, ich bin Joe Gould, der wilde Chippewa-Indianer-Tänzer, und ich bin Joe Gould, die größte Autorität der Welt auf dem Gebiet der Möwensprache. Ich erweise Ihnen die Ehre, einfach indem ich herkomme, und was tun Sie? – belästigen mich mit Dingen wie Ketchup.« Die Kellnerin fand das nicht lustig. Sie war eine füllige, unruhige, schwer atmende Frau, fast doppelt so groß wie Gould. »Was glauben Sie wohl, wer Sie sind, Sie kleine Ratte?«, sagte sie. »Irgendwann pack ich Sie an Ihrem Joe-Gould-Bart da und schmeiß Sie hier raus.« »Versuchen Sie's doch«, sagte Gould, und seine Stimme wurde verblüffend einschüchternd, »dann wälzen wir uns aber beide hier auf dem Boden.« Er holte eine Hand voll Zigarettenkippen aus der einen Tasche seines Seersucker-Jacketts und legte sie auf den Tisch. Dabei rieselte ihm ein Schauer Tabakkrümel in den Schoß, auf den Fußboden und den Tisch, und ich fürchtete schon, dass er und die Kellnerin noch mehr streiten würden. Unter ihrem angewiderten Blick stocherte Gould in den Kippen herum, suchte sich eine aus und steckte sie in eine lange schwarze Zigarettenspitze. Ohne die Kellnerin zu beachten, zündete er sie sich mit einer schwungvoll-eleganten, chaplinesken Geste an, worauf sie wegging.

»Also«, sagte er, »um noch einmal kurz auf meine Lebensgeschichte zurückzukommen, ich beendete die Schule in Norwood und ging dann nach Harvard. 1911 machte ich dort mein Examen und verbrachte die nächsten paar Jahre damit, mir Gedanken darüber zu machen, was ich als Nächstes tun sollte. 1915 hatte ich dann alle Hoffnungen aufgegeben, in dieser Angelegenheit zu einem Ergebnis zu kommen, als mein Interesse irgendwie auf Eugenik gelenkt wurde. Ich interessierte mich so sehr dafür, dass ich mir von meiner Mutter Geld lieh und ans Eugenik-Archiv in Cold Spring Harbor auf Long Island ging und einen Sommerkurs über Methoden der eugenischen Feldforschung belegte. Danach beschloss ich, das, was ich dort gelernt hatte, auch praktisch anzuwenden, und ich lieh mir von meiner Mutter ein wenig Geld, ging nach North-Dakota und machte mich daran, Indianerköpfe zu vermessen. Im Januar und Februar 1916 vermaß ich fünfhundert Mandan-Indianern vom Fort-Berthold-Reservat den Kopf, und im März und April noch einmal tausend Chippewas vom Turtle-Mountain-Reservat, dann ging mir das Geld aus. Ich schrieb meiner Mutter einen Brief und bat sie um mehr, worauf ich ein Telegramm erhielt, in dem sie mir das Geld für die Bahnfahrt schickte und mir sagte, ich solle sofort nach Hause kommen, was ich auch tat, worauf sie mir sagte, sie und mein Vater seien in finanziellen Schwierigkeiten, sodass sie sogar das Haus hätten verkaufen müssen und dass sie es nun monatlich von dem neuen Besitzer mieteten. Anscheinend hatte mein Vater Jahre zuvor sein Geld und das, was seine Familie ihm hinterlassen hatte, in eine Firma investiert, die gegründet worden war, um ein riesiges Stück Land in Alaska zu kaufen und zu entwickeln. Mit anderen Worten, so clever mein Vater auch war, er hatte eine Goldminenanleihe gekauft. Und während ich in North-

Dakota war, hatten er und meine Mutter zweifelsfrei erfahren, dass die Anleihe wertlos war.

Tja, ich konnte nicht erkennen, wie ich meinen Eltern hätte helfen können, außerdem hatte mir das Köpfemessen richtig Spaß gemacht, und so ging ich nach Boston zu diversen Verwandten und versuchte, Geld für eine weitere Expedition in die Indianerreservate aufzutreiben, doch ohne Erfolg, um es vorsichtig zu sagen. An diesem Punkt in meinem Leben meinte mein Vater, er müsse mir eine Stelle besorgen. Er hatte einen Freund in Boston, einen Mr Pickett, der war Anwalt bei einer Wohnungsbaugesellschaft, die mehrere Straßenzüge in Norwood besaß. Diese Häuser wurden wochenweise an Leute vermietet, die in der Gerberei und der Leimfabrik arbeiteten, und Mr Pickett bot mir an, die Miete einzukassieren. Mein Vater hatte mein Herumgestromere, wie er es nannte, satt, und ich wusste, entweder nahm ich diese Stelle an, oder ich musste weg von Norwood. Wegen Norwood herrschte in mir ein schrecklicher Gefühlswirrwarr. Eigentlich hatte ich mich dort nie zu Hause gefühlt, aber dennoch gab es dort Dinge, die ich sehr mochte oder einmal gemocht hatte. So ging ich gern an dem Flüsschen spazieren, das sich den östlichen und südlichen Stadtrand entlangschlängelt, dem Neponset. Und ich bin immer gern auf einem alten unkrautüberwucherten und halb zerfallenen neuenglischen Friedhof herumgestrichen, der gleich hinter unserem Haus in der Washington Street lag. Das Unkraut ging mir bis zur Hüfte, und man konnte sich hineinlegen und sich darin verstecken. Man konnte sich darin verstecken und über die vielen, vielen Skelette nachgrübeln, die in der Erde unter mir auf dem Rücken lagen. Und mir gefielen einige der alten Häuser im Stadtkern, die alten hölzernen Lagerhäuser. Und ich mochte den Geruch aus den Gerbereien, besonders morgens, wenn es feucht war. Es roch nach Moschus, Essig und Eisenbahn. Es war eine Mischung aus den Gerüchen von frischen Schaffellen und Eichenlohe, die in den Gerbbottichen verwendet wurde, und Kohlenrauch, das war ganz typisch für die Stadt. Und auch einige Leute dort mochte ich – die hatten so was Alt-Yankeehaftes, das mich ansprach –, aber je größer ich wurde, desto mehr merkte ich, dass ich für die so eine Art Trottel war. Ich bekam heraus, dass sogar manche der würdigen alten Männer, die ich am meisten bewunderte und achtete, Witzchen über mich machten und über mich lachten. Irgendwie passte ich da nie ganz rein. Und so hasste ich Norwood mit den Jahren immer mehr. Ich hasste es von ganzem Herzen. Es gab Tage, da hätte ich, wenn Wünsche töten könnten, jeden Mann, jede Frau, jedes Kind in Norwood getötet, auch meinen Vater und meine Mutter. Also sagte ich meinem Vater, ich könne Mr Picketts Angebot nicht annehmen. ›Ich habe mich entschlossen‹, sagte ich, ›nach New York zu gehen und mich literarisch zu betätigen.‹ ›Wenn das so ist, mein Sohn‹, sagte mein Vater, ›dann hast du dich gebettet, nun lieg auch so.‹ Ein paar Tage danach ging ich von Norwood weg. Ich verließ es leichten Herzens, auch wenn ich tief im Innern wusste, dass es für immer war, außer dass ich vielleicht irgendwann zu Weihnachten oder in den Sommerferien oder bei Anlässen wie einer Beerdigung zurückkehren würde – der meines Vaters, meiner Mutter oder meiner eigenen. Ich war noch nicht lange unterwegs, als ich eine Empfindung hatte, die mich überraschte. Im Zug hatte ich die ganze Strecke nach New York über solches Heimweh, dass ich mich zwingen musste, nicht auszusteigen und zurückzufahren. Noch heute packt mich manchmal ein ganz schreckliches Heimweh nach Norwood. Das kann ein säuerlicher Geruch auslösen, der mich an die Gerbereien erinnert, wie der Geruch aus einem Keller im italienischen Teil des Village, wo ein alter Italiener Wein macht. Das ist eines der verflixtesten Dinge an den menschlichen Gefühlen, die ich jemals herausgefunden habe, und wie hinterhältig sie sein können – dass man einen Ort aus ganzem Herzen hassen und trotzdem noch Heimweh danach haben kann. Ganz zu schweigen davon, dass man einen Menschen aus ganzem Herzen hassen und sich dennoch nach ihm sehnen kann.

Ich kam nach New York mit der Vorstellung, eine Stelle als Theaterkritiker zu bekommen, denn ich dachte, das würde mir genügend Zeit lassen, Romane und Stücke, Gedichte, Lieder und Essays und gelegentlich einmal einen wissenschaftlichen Aufsatz über etwas Eugenisches zu schreiben, und schließlich bekam ich tatsächlich eine Stelle, da war ich halb Botenjunge und halb Hilfspolizeireporter bei der *Evening Mail*. Eines Vormittags im Sommer 1917 saß ich auf der Treppe am Hintereingang der Zentrale in der Sonne und erholte mich von einem Kater. In einem Antiquariat hatte ich kurz zuvor einen kleinen Band mit Erzählungen von William Carleton, dem großen irischen Bauernschriftsteller, in die Finger bekommen und darin geblättert. Das Buch war in den achtziger Jahren in London erschienen und hatte eine Einführung von William Butler Yeats, und ein Satz aus Yeats' Einführung war mir im Gedächtnis hängen geblieben: ›Die Geschichte einer Nation findet nicht in Parlamenten und auf Schlachtfeldern statt, sondern darin, was die Menschen an normalen Tagen und an Festtagen zueinander sagen, und darin, wie sie das Land bestellen, wie sie streiten und auf eine Pilgerreise gehen.‹ Sogleich kam mir die Idee für die Erzählte Geschichte: Ich wollte den Rest meines Lebens damit verbringen, in der Stadt herumzugehen und den Leuten zuzuhören – sie notfalls auch zu belauschen – und alles, was ich sie sagen hörte und was mir aufschlussreich erschien, ganz gleich, wie langweilig oder idiotisch oder vulgär oder obszön es vielleicht für andere klingen mochte, aufzuschreiben. Ich sah schon alles vor mir – langatmige Gespräche und kurze und bissige Gespräche, brillante Gespräche und törichte Gespräche, Flüche, Schlagworte, grobe Bemerkungen, Streitfetzen, das Gebrabbel von Betrunkenen und Verrückten, das Flehen von Bettlern und Pennbrüdern, die Anträge von Prostituierten, die Leier von Straßenhändlern und Krämern, die Sermone von Straßenpredigern, Schreie in der Nacht, wilde Gerüchte, Rufe des Herzens. Genau da beschloss ich, dass ich mit meinem Job unmöglich fortfahren konnte, weil er mir die Zeit rauben würde, die ich der Erzählten Geschichte widmen musste, und so fasste ich den Entschluss, nie wieder eine regelmäßige Arbeit anzunehmen, außer es ginge wirklich nicht anders oder ich wäre am Verhungern, sondern ich wollte meine Bedürfnisse auf ein Minimum reduzieren und mich darauf verlassen, dass Freunde und Wohlmeinende mich durchfütterten. Die Idee einer Erzählten Geschichte kam mir gegen halb elf. Gegen Viertel vor elf stand ich auf, ging zu einem Telefon und kündigte.«

Goulds Stimme hatte nun etwas Pulsierendes.

»Seit jenem schicksalhaften Vormittag«, fuhr er fort, während er wie in heldenhaftem Trotz die Schultern straffte, die Nasenlöcher blähte und das Kinn hob, »ist mir die Erzählte Geschichte Strick und Schafott, Bett und Speise, Frau und Flittchen, Wunde und das Salz darin, Whiskey und Aspirin, Fels und Erlösung. Sie ist das Einzige, was mir überhaupt wichtig ist. Nichts anderes zählt.«

Es war klar, dass das eine einstudierte Rede war, die er parat hatte und über die Jahre schon häufig gehalten hatte, und dass er dies alles genoss, und das bereitete mir ein dumpfes Unbehagen.

»Als Sie gerade zu der Kellnerin sagten, Sie seien eine Kapazität auf dem Gebiet der Sprache der Möwe«, sagte ich und wechselte das Thema, »war das Ihr Ernst?«

Goulds Gesicht hellte sich auf. »Als ich ein Kind war«, sagte er, »verbrachten meine Mutter und ich viele Sommer in einer kleinen Stadt am Meer in Nova Scotia, sie hieß Clementport, und jeden Sommer fing mir ein alter Mann eine Möwe, und manchmal hatte ich den Eindruck, als redete meine Möwe mit mir oder versuchte es. Später, als ich in Harvard war, verbrachte ich viele Samstage damit, an der T Wharf in Boston zu sitzen und sorgfältig den Möwen zuzuhören, und schließlich konnte ich sie verstehen, und nach und nach lernte ich die Möwensprache. Ich verstehe sie besser, als ich sie spreche, aber ich spreche sie um einiges besser, als Sie vielleicht meinen. Ich habe sogar schon einige berühmte amerikanische Gedichte ins Möwische übersetzt. Hören Sie genau zu!«

Er warf den Kopf zurück und begann zu krächzen und zu tschirpen und zu kreischen und zu maunzen und zu quäken und zu gackern und zu gickeln und zu schreien, wobei er diese Geräusche häufig mit einem Prusten durchsetzte. Der volltönende Singsang dieses Getöses bewirkte, dass es mir entfernt vertraut schien.

»Erkennen Sie das?«, rief Gould aufgeregt. »Das ist ›Hiawatha‹! Es ist aus dem Teil, der ›Hiawathas Kindheit‹ heißt. Passen Sie auf! Ich übersetze es ins Englische zurück.

An den Ufern Gitche Gumees
An dem blanken Groß-See-Wasser,
Stand der Wigwam der Nokomis,
Tochter sie des Monds, Nokomis.
Schwarz dahinter hob der Forst sich,
Hoben sich die finstern Tannen,
Und, mit Zapfen drauf, die Föhren ...«

Gould kicherte; kaum hatte er über Möwen gesprochen, war er wieder munterer geworden. »Henry Wadsworth Longfellow lässt sich hervorragend ins Möwische übersetzen«, sagte er. »Um ehrlich zu sein, ich finde, dass es sich im Großen und Ganzen auf Möwisch besser anhört als auf Englisch. Und jetzt werde ich mit Ihrer freundlichen Erlaubnis«, fuhr er fort, während er langsam vom Tisch aufstand, wobei sich sein Gesicht zu einem lüsterneren Grinsen verzog, »hier heraustreten und Ihnen meine Interpretation einer hungrigen Möwe vorführen, die über einem Fischkai kreist, auf dem Fische entladen werden.« Aus dem Augenwinkel hatte ich gesehen, dass der Mann am Tresen uns beobachtete. Jetzt sprach er Gould an. »Setzen Sie sich wieder«, sagte er. Gould wirbelte herum und blickte den Mann an, und ich erwartete, dass er etwas Scharfes zu ihm sagen würde, ähnlich wie zu der Kellnerin. Doch er überraschte mich. Willig und gehorsam, ohne den Mund aufzumachen, setzte er sich wieder. Dann hob er seine Mappe auf, klemmte sie sich unter den Arm, als wollte er gleich gehen, beugte sich über den Tisch und fing an, leise mit mir zu reden. »Wissen Sie, das Geld, das ich mir gestern von Ihnen geliehen habe, wegen des Augenrezepts«, sagte er. »Also, ich war schon unterwegs zu der Augen- und Ohrenklinik, aber dann kam mir etwas dazwischen, und als ich dann hinkam, war die Klinik schon geschlossen, und heute bin ich in einer noch schlimmeren Klemme als gestern, was das Geld angeht, und donnerstags schließt die Klinik früher als mittwochs, und da wollte ich fragen, ob Sie mir vielleicht zwei oder drei oder vier oder vielleicht sogar fünf Dollar leihen könnten, damit ich mir die Medizin holen und sie anwenden kann. Unser Gespräch können wir ja dann ein andermal fortsetzen.«

»Natürlich«, sagte ich.

»Es macht Ihnen nichts aus?«

»O nein«, sagte ich. »Nur dass ich eigentlich gehofft hatte, etwas von der Erzählten Geschichte zu sehen und einen Teil zu lesen.«

»Das lässt sich leicht machen«, sagte Gould.

Er legte sich die Mappe auf den Schoß, band sie auf, öffnete sie, wühlte darin herum, zog schließlich zwei Aufsatzhefte heraus und legte diese auf den Tisch. »In jedem dieser Hefte finden Sie ein Kapitel der Erzählten Geschichte«, sagte er. »Ich habe sie erst vorgestern Abend fertig geschrieben. Ich muss noch ein wenig daran feilen, aber Sie werden keine Schwierigkeiten damit haben.« Er wühlte noch weiter in der Mappe, mit beiden Händen. »In den zwanziger und dreißiger Jahren wurden ein paar Auszüge und Fragmente der Erzählten Geschichte in kleinen Zeitschriften veröffentlicht«, sagte er, »einige habe ich hier drin.« Er zog eine kleine, aufgerollte Papiertüte mit einem Gummiband darum aus dem tiefsten Ende der Mappe hervor und betrachtete sie fragend. »Was ist denn das nun schon wieder?« sagte er, öffnete die Tüte und spähte hinein. »Ah ja«, sagte er. »Zigarettenkippen.« Sorgfältig legte er die Tüte wieder hinein. »Manchmal, wenn es nass ist oder alles voll Schnee liegt«, sagte er, »ist es gut, ein paar Kippen in Reserve zu haben.« Dann zog er nacheinander vier

Zeitschriften heraus und stapelte sie auf den Tisch. Sie waren voller Eselsohren, fettverschmiert und voller Kaffeeflecken.

»Da hätten wir Ezra Pounds alte Zeitschrift *Exile*«, sagte er, während er durch das oberste Heft blätterte. »Von *Exile* gab es genau vier Nummern, das hier ist die zweite – August 1927 –, und darin ist ein Kapitel aus der Erzählten Geschichte. Ich habe E. E. Cummings dafür zu danken. Cummings ist einer meiner ältesten Freunde in New York. Er und ich kommen aus ziemlich ähnlichen neuenglischen Verhältnissen, und unsere Jahre in Harvard überschnitten sich – mein letztes Jahr war sein erstes –, aber ich habe ihn erst im Village kennen gelernt. Irgendwann 1923 oder '24 oder '25 erzählte Cummings Pound von mir und meiner Erzählten Geschichte, daraufhin schrieb Pound mir, und wir begannen einen Briefwechsel, der über mehrere Jahre ging. Pound begeisterte sich sehr für meinen Plan der Geschichte. Er druckte diese kleine Auswahl im *Exile* ab, und später bezeichnete er mich in seinem Buch »Polite Essays«, nachdem er William Carlos Williams einen großen, verkannten amerikanischen Schriftsteller genannt hatte, als »jenen noch unanerkannteren und unverstandeneren heimischen Hickory, Mr Joseph Gould«. Und das ist das August-Novemberheft 1923 von *Broom*. Es enthält ein Kapitel aus der Geschichte – Kapitel C-C-C-L-X-V-I-I-I. Damals nummerierte ich die Kapitel noch mit römischen Ziffern. Und hier ist die *Pagany*, April-Juni 1931. Sie enthält ein paar Brocken aus der Geschichte.

Und das da ist der bisher größte Triumph meines Lebens – die *Dial* von April 1929. Sie enthält zwei Essays aus der Erzählten Geschichte. Die Herausgeberin von *Dial* war Marianne Moore, die Dichterin, und ihr Büro war gleich hier im Village – in der Thirteenth Street, etwas weiter östlich der Seventh Avenue. Es war eines von den alten Häusern – roter Backstein, drei Stockwerke hoch, eine steile Treppe, die direkt in den Salon führte, auf einer Schräge davor wuchs ein Ailanthusbaum – die waren für mich immer typisch fürs Village. Da habe ich immer etwa einmal die Woche reingeschaut und dann den ganzen Vormittag und manchmal auch den ganzen Nachmittag in ihrem vorderen Büro gesessen und alte Ausgaben gelesen, und immer wenn ich ihr ein bisschen Zeit abluchsen konnte, versuchte ich, ihr die Bedeutung der Erzählten Geschichte nahe zu bringen, und schließlich druckte sie diese beiden kleinen Essays. Alles andere von mir könnte verloren gehen, doch ich bin trotzdem unsterblich, nur wegen dieser beiden. Die *Dial* war die beste Literaturzeitschrift, die je in diesem Land erschienen ist. Sie brachte ungeheuer viele Meisterwerke und Beinahe-Meisterwerke heraus, dazu auch viele Kuriositäten und Monstrositäten, und solange die englische Sprache gesprochen und gelesen wird, werden gebundene Bände davon in den großen Bibliotheken der Welt aktiv in Gebrauch sein. ›Das wüste Land‹ erschien darin. Ebenso ›The Hollow Men‹. Eliot rezensierte darin ›Ulysses‹. Zwei große Erzählungen von Thomas Mann erschienen darin – ›Der Tod in Venedig‹ und ›Unordnung und frühes Leid‹, ebenso Sherwood Andersons ›I'm a Fool‹. Joseph Conrad schrieb darin, auch Joyce und Yeats und Proust, auch Cummings und Gertrude Stein und Virginia Woolf und Pirandello und George Moure und Spengler und Schnitzler und Santayana und Gorki und Hamsun und Stefan Zweig und Djuna Barnes und Ford Madox Ford und Miguel de Unamuno und H. D. und Katherine Mansfield und hundert andere. Noch in Jahrhunderten werden Leute nach den gebundenen Bänden greifen und Sachen von diesen Schriftstellern nachlesen, und hin und wieder wird einer bestimmt auch meine beiden kleinen Essays bemerken und neugierig werden und sie lesen (sehr lang sind sie weiß Gott nicht), und das kommt der Unsterblichkeit näher, als es etliche meiner umtriebigen Zeitgenossen wahrscheinlich je schaffen werden – Bestseller, Radiointerviews, die drögen kleinen Einzelheiten ihres drögen kleinen Lebens im *Who's Who,* Fotografien ihrer leeren Gesichter auf den Seiten mit den Buchrezensionen, sechs oder sieben geschiedene Frauen und so weiter. Sehen Sie sich doch nur einige der anderen Sachen in dieser Nummer an. Ein Gedicht von Hart Crane. Ein Essay von Logan Pearsall Smith. Ein paar Fotografien eines Aktes von Maillol. Ein Brief aus Paris von Paul Morand. Ein Stück über das Theater von Padraic Colum. Eine Rezension von Bertrand Russell.«

Gould schob mir die Zeitschriften und Aufsatzhefte über den Tisch zu. »Nehmen Sie das mit und lesen Sie es«, sagte er.

Auf dem Gehsteig vor dem Diner verabredeten wir

uns für Samstagabend. »Aber nicht in dem Diner«, sagte Gould. »Ich bin mit den Tresenleuten und den Kellnerinnen da immer ganz gut ausgekommen. Die hatten ihren Spaß mit mir und ich meinen mit ihnen. Aber anscheinend sind sie jetzt gegen mich.« Ein zutiefst verstörter Blick erschien auf seinem Gesicht, ein gehetzter Blick, und ein paar Augenblicke schwieg er und überlegte. Dann zuckte er die Achseln, als wischte er diese Sache aus seinen Gedanken, aber es war klar, dass sie sich nicht einfach wegwischen ließ, denn gleich fing er wieder damit an. »In den letzten Jahren«, sagte er, »haben sich eine ganze Menge Leute gegen mich gewandt; Männer und Frauen aus dem Village, die einmal gute Freunde von mir waren, hassen und verabscheuen und verachten mich jetzt. Zwangsläufig werden Sie einigen begegnen, und wahrscheinlich werden sie Ihnen vielerlei Gründe nennen, warum das so gekommen ist, da wäre es wohl ganz gut, wenn ich ihnen zuvorkomme und Ihnen den wahren Grund nenne. Würden Sie ihn gern hören?«

Ich sagte ja.

»Der wahre Grund«, sagte er, »ist ein bestimmtes Gedicht von mir.«

Langsam gingen wir die Sixth Avenue entlang. »Anfang der dreißiger Jahre wandten sich wegen der Wirtschaftskrise«, fuhr er fort, »eine ganze Menge Leute im Village dem Marxismus zu und wurden Radikale. Ganz plötzlich wurden die meisten Dichter hier proletarische Dichter, die meisten Schriftsteller wurden proletarische Schriftsteller und die meisten Maler proletarische Maler. Ich kenne eine Frau, die mit einem reichen Arzt verheiratet ist, Kunst sammelt und deren Tochter Ballett-Tänzerin ist; als ich der neulich über den Weg lief, erzählte sie mir ganz stolz, dass ihre Tochter jetzt eine proletarische Ballett-Tänzerin ist. Das Dumme ist, je radikaler die Leute wurden, desto besserwisserischer wurden sie auch. Und desto aufgeblasener. Und desto selbstzufriedener. Sie hockten in denselben Kneipen im Village herum, wo sie schon hockten, als sie nur Boheme waren, und sie quasselten genauso viel wie zuvor, nur nun nicht mehr über Kunst oder Sex oder Saufen, sondern über die kommende Revolution und den dialektischen Materialismus und die Diktatur des Proletariats und was Lenin meinte, als er dies sagte, und was Trotzki meinte, als er jenes sagte, und sie benahmen sich, als hätten jedwede Schlüsse, die sie daraus zogen, weit reichende Auswirkungen auf die Zukunft der ganzen Welt. Mit anderen Worten, ihnen kam jeder Sinn für Humor abhanden. So wie die über das Proletariat redeten, hätte man meinen können, sie seien allesamt Söhne und Töchter von Eisengießern, in Wahrheit aber kam eine verblüffende Anzahl von ihnen aus Familien der Mittelschicht oder gar der Oberschicht, die sehr wohlhabend oder sogar richtig reich waren. Was mich dabei störte, waren weniger ihre politischen Ansichten, abgesehen davon, dass politische Ansichten jeglicher Art mich zu Tode langweilen; es war diese aufgeblasene Art, in der sie über Politik redeten. Vor allem war das auch die Art, wie sie ›wir‹ sagten. Statt ›*Ich* glaube dies‹ oder ›*Ich* glaube das‹ hieß es immerzu ›*Wir* glauben dies‹ und ›*Wir* glauben das‹. Ich konnte mich an dieses ›wir‹ einfach nicht gewöhnen. Es schüchterte mich immer mehr ein. Einmal versuchte ich, die Atmosphäre mit einem Witz aufzulockern, und sagte mittendrin zu einem, ich gehörte einer Partei an, die nur ein Mitglied habe, und dass diese Partei Joe-Gould-Partei heiße. Worauf er sagte, dass ich jedes Mal, wenn ich so etwas sagte und über ernste Dinge scherzte, mein wahres Ich zeigte. ›Wir haben dich und Leute wie dich im Auge‹, sagte er. ›Wenn du den Hanswurst machst, versuchst du damit nur zu vertuschen, dass du reaktionär bist. Und ganz ehrlich‹, sagte er, ›dich würden wir in die Kategorie der Parasiten einstufen, der reaktionären Parasiten. Und was die Erzählte Geschichte betrifft‹, sagte er, ›soweit wir das sehen, sammelst du damit nur den Wortmüll der Bourgeoisie.‹

Damals, es war im Sommer, war eine der Neuheiten im Village das Straßencafé vor dem Brevoort Hotel an der Fifth Avenue Ecke Eighth Street. Es bestand lediglich aus zwei Reihen Tischen hinter einer Hecke, die aus einigen weiß gestrichenen Holzkästen wuchs, aber viele meinten, das sei sehr europäisch und sehr elegant. Aus irgendeinem Grund war dieses Café ein großer Treffpunkt der Village-Radikalen. Eines Nachmittags im Sommer 1935 ging ich daran vorbei, ich hatte keinen Cent in der Tasche und war hungrig – nicht nur ein bisschen hungrig, wie ich es meistens bin, sondern so hungrig, dass mir schwindlig war und ich nicht mehr geradeaus sehen konnte und mein Zahnfleisch wund war und ich quälende Kopfschmerzen und einen dumpfen, bohrenden Schmerz in der Magengrube hatte –, und da saßen einige von ihnen und tranken die besten Martinis, die für Geld zu haben waren, und aßen gute französische Küche und erörterten ernst eine Angelegenheit, die zweifellos mit der nahenden Revolution zu tun hatte, als mir ein Gedicht in den Sinn kam. Ich nannte es ›Die Barrikaden‹. An jenem Abend war dann eine Party, und da stand ich auf und sagte, ich hätte ein proletarisches Gedicht, das ich gern vortragen würde, und ich trug das Gedicht vor. Es war eigentlich kein richtiges Gedicht, eher so eine Art Knittelvers, doch dann geschah etwas Verblüffendes. Einige waren leicht amüsiert darüber und lachten ein bisschen, mehr hatte ich ja auch nicht erwartet und gewollt, aber es waren auch einige Village-Radikale und radikale Sympathisanten da, darunter auch der Mann, der mich darüber aufgeklärt hatte, dass ich ein reaktionärer Parasit bin, und die waren schockiert. Erst dachte ich, die machen sich lustig über mich, nehmen mich auf den Arm, aber nichts da, die waren echt schockiert – sie sahen mich an, ähnlich vielleicht wie tief religiöse Menschen jemanden ansehen, der ein grauenhaftes Sakrileg begangen hat –, und als sie ihren Schock überwunden hatten, wurden sie wütend. Sie wurden so wütend und hysterisch, dass ich die Party, die weit im Osten des Village stattfand, verließ und mich auf den Rückweg Richtung Westen machte. In der Ninth Street, in der Nähe des University Place, schaute ich bei einem Restaurant zum Fenster hinein und sah eine bunt gemischte Gruppe Villager dasitzen; einige kannte ich, und ich beschloss,

›Die Barrikaden‹ an ihnen auszuprobieren. Ich ging hinein und trug es ihnen vor, und genau das Gleiche geschah – einige lachten höflich, andere wurden fuchsteufelswild. Dann ging ich in ein ganz traditionelles Village-Restaurant in der Eighth Street, es hieß McCollister's – eins von denen, die rote Wassergläser haben –, und trug es dort einigen Leuten vor, und das Gleiche geschah. Dann ging ich zum Sheridan Square und in eine Cafeteria, die damals der beliebteste Boheme-Treffpunkt im Village war, eine Stewart's-Cafeteria, und trug es auch dort vor, und wieder geschah das Gleiche. Ich war erstaunt über den Fanatismus, mit dem einige auf das Gedicht reagierten. Sie hatten praktisch Schaum vorm Mund. Gleichzeitig aber freute ich mich. Ich verbrachte nun etliche Abende damit, einfach im Village herumzulaufen und nach einer Gelegenheit zu suchen, ›Die Barrikaden‹ vorzutragen. Schon bald fiel mir ein, wie ich es noch aufwieglerischer machen konnte. Statt es vorzutragen, plusterte ich mich auf und skandierte es. Ich skandierte es mit ganz übersteigerter Stimme, der Stimme eines flammenden Revolutionärs, und schüttelte am Ende jeder Zeile die Faust. Bald brauchte ich in manchen Lokalen im Village spätabends nur aufzustehen und zu sagen, ich hätte da ein proletarisches Gedicht, das ich vortragen wollte, schon sprang die Hälfte der Leute auf und versuchte, mich davon abzuhalten, und die andere Hälfte sprang auf und feuerte mich an.

Ich gehe zu so vielen Village-Partys wie nur möglich. Ich gehe hin, weil es dort Essen und Alkohol gratis gibt und wegen des Materials für die Erzählte Geschichte. Zu manchen werde ich eingeladen, von anderen höre ich im Village und gehe einfach hin. An einem Samstagabend, ein paar Monate nachdem ich ›Die Barrikaden‹ geschrieben hatte, tauchte ich auf einer großen Party in einem Atelier in der Washington Square South auf. Ich war nicht eingeladen, aber ich kannte den Gastgeber und seine Frau, und ich war seit Jahren uneingeladen zu ihren Partys gegangen. Als ich klingelte, kam die Frau an die Tür, und ich hatte nicht den Eindruck, dass sie so freundlich war wie früher, dennoch bat sie mich herein. Ich folgte ihr, setzte mich in eine Ecke und trank ein paar Gläser, wonach ich fand, ich sollte etwas zur Zerstreuung beitragen und mich bei meinen Gastgebern revanchieren, indem ich ein Lied sang, also stand ich auf und verkündete, ich hätte da ein revolutionäres Gedicht, das ich gern vortragen würde. Daraufhin wurde plötzlich alles still, und ich blickte mich schnell in dem Raum um. Es war ein großer Raum, und darin waren viele Leute, und jedes Gesicht, in das ich blickte, blickte voller Hass zu mir zurück. Das störte mich nicht weiter. Das bin ich gewöhnt. Dann schaute ich genauer hin, und hier und da, zwischen den Gesichtern völlig Fremder und den Gesichtern derer, die ich kannte, die mir aber nichts bedeuteten, sah ich die Gesichter mehrerer Männer und Frauen, die mir immer bereitwillig ein bisschen Geld gegeben, mir ein Essen bezahlt oder in anderer Form geholfen hatten, und deren Gesichter waren ebenso kalt und feindselig wie die der anderen. Und das störte mich nun allerdings. Das machte mich sofort nüchtern. Plötzlich musste ich erkennen, dass ich mir, ohne so recht zu wissen, was ich da tat, Gott weiß wie viele Feinde gemacht hatte. Seitdem versuche ich, den Schaden wieder gutzumachen, doch es nützt nur wenig. ›Die Barrikaden‹ trage ich nicht mehr öffentlich vor – schon, o ja, wenn ich mir meines Publikums sicher bin –, und es ist auch eine Menge Zeit vergangen, doch die Village-Radikalen haben mir nicht verziehen. Sie ignorieren mich auf der Straße. Wenn eine Gruppe davon in einer Cafeteria zusammensitzt und ich mich in ihre Nähe setze, verziehen sie sich. Stehe ich neben ihnen an einer Bar, verziehen sie sich. Einige hießen mich früher willkommen, begrüßten mich immer, wenn ich mich auf ihren Partys zeigte, aber jetzt schlagen sie mir die Tür vor der Nase zu. Und ich habe erfahren, dass sie mich jedes Mal, wenn mein Name im Gespräch auftaucht, verunglimpfen, über mich herziehen und diffamieren. Und das Schlimmste ist, sie erzählen anderen, was sie von mir halten. Früher oder später wiegeln sie jeden im Village gegen mich auf. Die Tresenleute und die Kellnerinnen in dem Diner beispielsweise – die sind jetzt bestimmt gegen mich eingenommen, weil sie gehört haben, wie Village-Radikale Bemerkungen über mich gemacht und mich schlecht gemacht haben. Na ja, was geschehen ist, ist geschehen. Da«, sagte er und reichte mir seine Mappe, »halten Sie mal, dann trage ich Ihnen ›Die Barrikaden‹ vor.«

Er rückte die Krawatte zurecht und knöpfte sein schmutziges Seersucker-Jackett zu. Er richtete sich übertrieben gerade auf, wie ein Schuljunge, der den Fahneneid leistet. Dann hob er die rechte Faust in die Luft und trug das folgende Gedicht vor:

> *Die nette Hecke hier vor dem Brevoort*
> *Ist ein Symbol der nahenden Revolution.*
> Es sind die Barrikaden,
> > *Die Barrikaden,*
> > *Die Barrikaden.*
> *Und hinter diesen Barrikaden,*
> > *Hinter diesen Barrikaden,*
> > *Hinter diesen Barrikaden*
> *Sterben die Genossen!*
> > *Sterben die Genossen!*
> > *Sterben die Genossen!*
> *Unter hinter diesen Barrikaden*
> > *Sterben die Genossen –*
> > *An zu viel gutem Essen.*

Gould nahm seine Mappe wieder an sich. »Aber es könnte«, sagte er, »was diese Leute in dem Diner betrifft, auch ganz anders sein. Den ganzen Sommer schon bin ich schrecklich erledigt und nervös, und wenn ich so bin, kratze ich mich viel. Das ist nur eine nervöse Angewohnheit – das mache ich seit meiner Kindheit. Den Leuten in dem Diner ist bestimmt aufgefallen, dass ich mich kratze, und vielleicht sind sie auf die Idee gekommen, dass ich Läuse habe, vielleicht sind sie auch *deswegen* gegen mich.« Er hatte ruhig gesprochen, doch nun veränderte sich sein Verhalten. Sein

Gesicht wurde jäh von einem Ausdruck des Schmerzes und der Wut verzerrt, und er spuckte auf die Straße. »Die entsetzlich scheußliche und ekelhafte und abscheuliche gottverdammte Wahrheit ist«, sagte er, »dass ich tatsächlich Läuse habe. Ich habe es heute Morgen gemerkt, als ich während der vielen Messen in der St. Joseph's gesessen habe. Das ist jetzt das zweite Mal in einem Monat. Ich muss heute Abend zum städtischen Fremdenheim, ein Bad nehmen und meine Sachen ausräuchern lassen.« Vage schüttelte er den Kopf. »Das ist doch kein Leben«, sagte er – und seine Stimme klang niedergeschlagen –, »aber nur so kann ich leben und dabei an der Erzählten Geschichte arbeiten.«

Ich wollte schon etwas Optimistisches sagen, spürte aber, dass ich Gefahr lief, überheblich zu klingen; einer, der keine Läuse hat, ist in keiner guten Position, die Unannehmlichkeit von Läusen herunterzuspielen, wenn er mit einem spricht, auf dem sie herumkrabbeln, also wechselte ich das Thema und fragte, wo wir uns das nächste Mal treffen sollten. Wir einigten uns auf Goody's, eine der Kneipen in der Sixth Avenue im Village. Dann verabschiedeten wir uns, und Gould wollte schon die Straße überqueren, doch nach wenigen Schritten machte er kehrt und hastete zu mir zurück.

»Mir ist gerade noch etwas eingefallen, was ich Ihnen sagen wollte«, sagte er. »Etwas über die *Dial*. Für eine Zeitschrift ihrer Art hatte die *Dial* ein langes Leben. Wie ich schon sagte, war die Ausgabe mit meinem Beitrag – die, die ich Ihnen gerade gegeben habe – die von April 1929. Danach kamen nur noch drei. Nach der Juliausgabe wurde sie eingestellt, und das war für jeden, der auch nur das kleinste Interesse am Kulturleben dieses Landes hatte, ein großer Schock. Im Village war *das* Thema, das die Leute wochenlang beschäftigte, die Frage, *wer* oder *was* die *Dial* kaputtgemacht hat. Darüber habe ich ein Gedicht geschrieben.«

Gould richtete sich wie schon zuvor auf und trug das Gedicht vor:

> »*Wer hat die* Dial *kaputtgemacht?*«
> »*Wer hat die* Dial *kaputtgemacht?*«
> »*Ich*«, sprach Joe Gould,
> »*Mit meinem Stil und mit Bedacht*
> *Hab ich die* Dial *kaputtgemacht.*«

Während er es vortrug, beobachtete er mein Gesicht. Als er zu Ende war, lachte ich mehr, als er es erwartet hatte, und ich war verblüfft darüber, welche Freude ihm das bereitete. Seine blutunterlaufenen kleinen Augen leuchteten vor Vergnügen. Dann eilte er kichernd davon.

Es war sehr bewölkt, und es sah aus, als könnte es jeden Augenblick wie aus Eimern schütten, doch ich achtete nicht auf das Wetter, sondern setzte mich auf eine Bank unter der großen alten Ulme an der nordwestlichen Ecke des Washington Square und schlug eines von Goulds Aufsatzheften auf. Auf der ersten Seite stand in sorgfältiger Schrift »TOD VON DR. CLARKE STORER GOULD. EIN KAPITEL AUS JOE GOULDS ERZÄHLTER GESCHICHTE«. Das Kapitel war in eine Einleitung und vier Abschnitte unterteilt. Die Abschnitte trugen die Überschriften »LETZTE KRANKHEIT«, »TOD«, »BEGRÄBNIS« und »EINÄSCHERUNG«. »Das Erste, womit ich mich in diesem Bericht über den Tod meines Vaters befassen muss«, schrieb Gould in seiner Einleitung, »ist, dass er für mich zweimal starb. Im Sommer 1918 verließ ich New York, wo ich die Arbeit an der Erzählten Geschichte ernsthaft in Angriff nahm, und ging nach Norwood, um einen Monat mit meiner Mutter zu verbringen. Damals herrschte der Erste Weltkrieg, und mein Vater diente als Stabsarzt im Sanitätskorps der Armee der Vereinigten Staaten und war in Camp Sherman, Chillicothe, Ohio, stationiert. Er war Zweiter Adjutant im Hauptlazarett. Am zweiten Nachmittag, den ich zu Hause war, ging meine Mutter in die nahe gelegene Stadt Dedham, um eine Freundin zu besuchen, und ich machte einen Spaziergang durch die Stadt, durchs Geschäftsviertel von Norwood. Während wir also beide nicht zu Hause waren, rief ein Arzt aus Boston, ein Freund meines Vaters, meine Mutter an, und unsere Köchin, eine alte Deutsche, die nicht besonders gut Englisch konnte und ohnehin nicht besonders helle war, nahm den Anruf entgegen. Der Bostoner Arzt sagte, er rufe an, um meine Mutter zu bitten, meinem Vater das nächste Mal, wenn er anrufe, mitzuteilen, dass ein anderer Bostoner Arzt, ebenfalls ein Freund meines Vaters, der auch eine Zeit lang mit ihm in Camp Sherman stationiert war, in einem anderen Camp im Mittleren Westen an Blutvergiftung gestorben sei, doch die alte Köchin brachte alles durcheinander und verstand es so, als habe er gesagt, dass mein Vater in Camp Sherman an Blutvergiftung gestorben sei. Als ich dann am Nachmittag nach Hause kam, saß sie weinend in der Küche und sagte mir, mein Vater sei tot. Ich ging nach oben in mein Zimmer, zog die Vorhänge zu und trauerte um meinen Vater. Ich war überwältigt von Kummer. Am Spätnachmittag kam meine Mutter nach Hause und rief sogleich den Arzt in Boston an, um festzustellen, was er der Köchin nun wirklich gesagt hatte. Und dann geschah etwas Seltsames mit mir – obwohl ich verstandesmäßig wusste, dass mein Vater nicht tot war, konnte ich nicht aufhören, um ihn zu trauern. Für mich hatte das Schicksal zugeschlagen. Ich versank in tiefer Trauer und konnte mich nicht mehr daraus befreien. Meinen ganzen restlichen Aufenthalt in Norwood über trauerte ich um meinen Vater, und das setzte sich auch noch mehrere Wochen fort, als ich wieder in New York war. Mein Vater wurde am 28. Dezember 1918 ehrenhaft aus der Armee entlassen, kehrte sogleich nach Norwood zurück und nahm seine Praxis wieder auf. Er war noch kein Vierteljahr in Norwood, als er schwer erkrankte. Er kam ins Peter-Bent-Brigham-Krankenhaus in Boston, wo er am frühen Morgen des 28. März 1919, einem Freitag, verstarb. Und nun muss ich festhalten, dass er an Septikämie starb, also an Blutvergiftung, was für mich ein erstaunlicher Zufall war und ist. Als ich die Nachricht von seinem Tod erhielt, trauerte ich überhaupt nicht um ihn. Für mich war er ja schon tot. Wenn ich meine Autobiografie schreibe, werde ich einfach angeben, dass mein

Vater in einem Armeecamp in Ohio während des Ersten Weltkriegs an Blutvergiftung starb, und ich werde darauf bestehen, dass dies, solange ich lebe und auf derlei Dinge Einfluss nehmen kann, in jeglichem biografischen Material, das über mich geschrieben wird, genauso angegeben wird, denn für mich war der uneigentliche Tod meines Vaters sein eigentlicher Tod. Daran habe ich keinerlei Zweifel. Wie ich festgestellt habe, gibt es in Autobiografien und Biografien ebenso wie in der Geschichte Augenblicke, da die Tatsachen nicht die Wahrheit sagen. In diesem Bericht jedoch befasse ich mich nur mit dem, wie ich zugeben muss, tatsächlichen und faktischen Tod meines Vaters.«

Goulds Schreibstil war seiner Redeweise ziemlich ähnlich; er war ein wenig steif und gestelzt und überwiegend ziemlich fade, gelegentlich jedoch durch eine verblüffende Beobachtung oder Information oder durch Sarkasmus, Gehässigkeiten oder Nonsens aufgelockert. Er war gespickt mit Abschweifungen; es gab Abschweifungen, die zu anderen Abschweifungen führten, und es gab Abschweifungen innerhalb von Abschweifungen. Goulds Vater hatte der Universalistenkirche und den Freimaurern angehört, sodass sein Trauergottesdienst gemeinsam vom Pfarrer der dortigen Universalistenkirche und dem Kaplan und dem Worshipful Master der örtlichen Freimaurerloge geleitet wurde. Gould beschrieb den universalistischen Teil des Gottesdienstes und kam sodann auf die feinen Unterschiede zwischen den Angehörigen der universalistischen, unitarischen und kongregationalistischen

Kirche in den Städten Neuenglands zu sprechen, gelangte von dort zu einer Erörterung der Unterschiede zwischen einem österlichen Gottesdienst, an dem er einmal in einer albanischen katholisch-orthodoxen Kirche in Boston mit einem Freund, einem albanischen Studenten von Harvard, teilgenommen hatte, und Ostergottesdiensten, an denen er in römisch-katholischen Kirchen teilgenommen hatte, um von dort zu der Beschreibung eines eigenartigen, aber außergewöhnlich guten Fleischeintopfs zu gelangen, den er einmal in einem Kellerrestaurant in Boston, das von albanischen Schuhfabrikarbeitern frequentiert wurde und in das ihn der albanische Student mitgenommen hatte (»Man sagte mir, es sei Lamm, es hätte aber auch Hammel sein können«, schrieb er, »aber wahrscheinlich war es Ziege, entweder das oder Pferdefleisch, nicht dass ich etwas gegen Ziegen- oder Pferdefleisch hätte, da ich bei den Chippewa-Indianern immerhin schon gekochten Hund gegessen hatte, was im Übrigen wie Hammel schmeckte, nur süßer, wenngleich ich an dieser Stelle festhalten sollte, dass der Verzehr eines Hundes bei den Chippewas eine zeremonielle Bedeutung hat und mit unserer Kommunion verglichen werden könnte, folglich ist der Geschmack als solcher nicht von großer Bedeutung«), um von da zu der Beschreibung eines Baked-Beans-Topfs zu gelangen, den er im Schaufenster eines Antiquitätenladens in der Madison Avenue gesehen hatte und der genauso aussah wie der, der während seiner Kindheit bei ihm zu Hause in Norwood in der Küche gestanden hatte. »Als ich diesen so genannten

ANTIKEN Baked-Beans-Topf anstarrte«, schrieb er, »spürte ich zum ersten Mal, dass ich etwas über die Zeit begriff.« Dann begann er mit einer Beschreibung des Freimaurerteils der Trauerfeier für seinen Vater, geriet aber sogleich wieder in einen Diskurs über die Bedeutung der Freimaurer, der »Elche«, der »Waldleute der Welt« und ähnlicher Bruderorden für das Nachtleben von Kleinstädten, die er dann mit einem Subdiskurs über die Lebensversicherung unterbrach. »Was wohl Lewis und Clark von einer Lebensversicherung gehalten hätten«, schrieb er in letztem Diskurs, »ganz zu schweigen von Daniel Boone.« (»ganz zu schweigen« hatte er durchgestrichen und »abgesehen von« darüber geschrieben; dann hatte er »abgesehen von« durchgestrichen und darüber »oder gar erst« geschrieben, dann hatte er »oder gar erst« durchgestrichen und schließlich, an den Rand neben »ganz zu schweigen von«, »stehen lassen« geschrieben.) Im ganzen Heft verstreut waren Sätze, die überhaupt nicht zum Thema gehörten; es schienen Gedanken zu sein, die ihm beim Schreiben in den Sinn gekommen waren und die er sogleich hingeschrieben hatte, weil er sie nicht vergessen wollte. In der Beschreibung des Ostergottesdienstes in der albanischen Kirche beispielsweise erschien der folgende, mit nichts vorher oder nachher zusammenhängende Satz: »Mr Osgood, der Indianerlehrer in Armstrong, N. D., sagte, Whiskey mache die Sioux blutrünstig und die Chippewa gutmütig.«

Auf dem Umschlag des anderen Aufsatzhefts stand in Druckbuchstaben: »DIE FÜRCHTERLICHE TOMA-

TENSUCHT. EIN KAPITEL AUS JOE GOULDS ERZÄHLTER GESCHICHTE«. Aus diesem Kapitel wurde ich erst schlau, als ich darin herumlas und merkte, dass es in komischem Ernst gehalten war und er sich damit über Statistiken lustig machen wollte. Gould behauptete, eine rätselhafte Krankheit gehe im Land um. »Sie ist so rätselhaft, dass die Ärzte gar nicht merken, dass es sie gibt«, schrieb er. »Überdies wollen sie gar nicht wissen, dass es sie gibt, weil sie verantwortlich ist für einen hohen Prozentsatz menschlicher Schicksalsschläge von Akne bis zu Automobilunfällen und von Erkältungen bis zu erhöhter Kriminalität, für die sie direkt oder indirekt Mikroben, Viren, Allergien, Neurosen oder Psychosen verantwortlich machen und damit reich werden.« Gould widmete mehrere Seiten der Beschreibung der Krankheit und stellte dann fest, er kenne deren Ursache, und zwar als Einziger. »Sie wird verursacht durch den zunehmenden Verzehr von Tomaten, rohen wie gekochten, in Form von Suppe, Soße, Saft und Ketchup«, schrieb er, »und daher habe ich sie Solanokomanie genannt. Ich leitete diesen Namen ab von ›Solonaceae‹, dem botanischen Namen für die schrecklichen Nachtschattengewächse, zu denen die Tomate gehört.« Sodann füllte Gould Seite um Seite mit zusammenhanglosen Statistiken, die er offenbar aus dem Finanz- und Wirtschaftsteil von Zeitungen abgeschrieben hatte. »Wenn diese wahr ist«, schrieb er im Anschluss an jede Statistik, »dann muss auch die folgende wahr sein«, um dann eine weitere Statistik anzuführen. Achtundzwanzig Seiten füllte er mit diesen Statistiken.

»Und nun«, schrieb er, womit er das Kapitel schloss, »hoffe ich bewiesen zu haben, und habe dies gewiss zu meiner eigenen Zufriedenheit getan, dass der Verzehr von Tomaten durch Eisenbahningenieure für dreiundfünfzig Prozent der Zugunglücke in den Vereinigten Staaten während der letzten sieben Jahre verantwortlich war.«

Ich war verblüfft. Diese Kapitel der Erzählten Geschichte hatten meinem Verständnis nach keinerlei Bezug zu der Erzählten Geschichte, wie Gould sie mir beschrieben hatte. Sie enthielten keine Gespräche, keine Unterhaltungen, und falls man sie nicht als Monologe von Gould selbst ansah, war auch nichts Erzähltes darin. Ich wandte mich den kleinen Zeitschriften zu, die Gould mir gegeben hatte, und sah, dass seine Beiträge zwar kurze, aber dennoch weitschweifige Essays waren, deren Überschrift jeweils aus einem oder zwei Wörtern bestand sowie einem Untertitel, der darauf verwies, dass es sich um »ein Kapitel aus« oder »eine Auswahl aus« der Erzählten Geschichte handelte. In der *Exile* war sein Thema »Kunst«. In Broom »Gesellschaftlicher Status«. In der *Dial* hatte er zwei Essays – »Ehe« und »Zivilisation«. Ebenfalls zwei in der *Pagany* – »Wahnsinn« und »Freiheit«. Inzwischen hatte ich genug von Gould gelesen, um zu wissen, was das für Essays waren. Es waren Abschweifungen, die von den Redakteuren der kleinen Zeitschriften oder von Gould selbst herausgelöst und mit einigen Überschriften versehen worden waren. Mit anderen Worten, es war immer mehr oder weniger das Gleiche. Ich las es ohne großes Interesse, bis ich in »Wahnsinn« auf drei Sätze stieß, die sich stark vom Rest abhoben. Diese Sätze waren von Gould offenkundig als eine Art nüchterne Darstellung von Selbstgefälligkeit gedacht, doch schien mir, dass er darin mehr aussagte, als er beabsichtigt hatte. In den folgenden Jahren, in denen ich ihn zunehmend besser kennen lernte, kamen sie mir sehr häufig in den Sinn. Sie standen am Ende eines Absatzes, in dem er seinen Zweifel an der Möglichkeit anmeldete, die Menschen in geistig gesund und geistig krank einteilen zu können. »Als den geistig gesündesten Menschen würde ich den bezeichnen, der am festesten die tragische Isolation der Menschheit erkennt und in Ruhe seine wichtigsten Anliegen verfolgt«, schrieb er. »Vermutlich sehe ich das so, weil ich größenwahnsinnig bin. Ich glaube, Joe Gould zu sein.«

Am Abend des 13. Juni 1942, einem Samstag, betrat ich das Goody's, um die Verabredung, die ich mit Gould getroffen hatte, einzuhalten. Das Goody's (der Besitzer hieß Goodman) war in der Sixth Avenue, zwischen der Ninth und der Tenth, direkt gegenüber dem Eingang zum Gerichtsgebäude am Jefferson Market. Das Lokal war mir schon öfter aufgefallen, aber jetzt war ich zum ersten Mal drin. Wie die meisten Bars in der Sixth Avenue war sie lang und schmal und düster, eigentlich ein blinder Tunnel, ein Kaninchenbau, eine Fledermaushöhle, eine Bärenhöhle. Später erfuhr ich, dass viele der männlichen und weiblichen Stammgäste in den Frühzeiten des Village zur Boheme gehört hatten und wegen ihrer launigen Großtaten berühmt waren; jetzt waren sie mittleren Alters oder noch älter und befanden sich in einem fortgeschrittenen Stadium des Alkoholismus. Ich traf gegen neun ein, also die Zeit, die ich mit Gould verabredet hatte. Er war nirgends zu sehen, und so stellte ich mich an die Bar. »Ich warte nur auf jemanden«, sagte ich zu dem Barmann, der die Achseln zuckte. Nach einer Weile hatte ich keine Lust mehr zu stehen und setzte mich auf einen Barhocker. Nachdem ich ungefähr eine halbe Stunde dagesessen und in die Düsternis gespäht hatte, erinnerte ich mich an etwas, was mir der erste Mensch, mit dem ich über Joe Gould gesprochen hatte, gesagt hatte – ein Mann, der mit ihm in Harvard war. »Wenn Sie mit Joe Gould zu tun haben«, hatte er gesagt, »dann müssen Sie sich eins merken, er ist ungefähr so unzuverlässig, wie es überhaupt nur geht. Soll er zu einer bestimmten Zeit irgendwo sein, kann er ebenso gut eine oder zwei Stunden zu früh oder auch zu spät kommen, vielleicht kommt er auch genau pünktlich oder auch gar nicht, und für ihn kann aus Dienstag gut und gern Donnerstag werden.« Gegen Viertel vor zehn klingelte in einer Zelle am vorderen Ende der Theke das Telefon. Einer der Gäste ging hin, kam gleich darauf wieder und rief meinen Namen. Als ich verblüfft aufstand, sagte er: »Joe Gould will mit Ihnen sprechen.«

»Tut mir Leid, aber heute Abend schaffe ich es wohl nicht«, sagte Gould, und seine Stimme klang ein wenig angeschickert. »Ich habe völlig vergessen, dass ich zu einem Treffen des Dichterkreises ›Raven‹ musste. Das

Treffen läuft eigentlich schon, ich bin nur schnell hier in den Drugstore zum Telefon gelaufen, um Ihnen Bescheid zu sagen, und ich muss gleich wieder rein. Ich gehöre nicht zu den ›Ravens‹; sie wollen mich nicht aufnehmen – jedes Mal wenn mein Name auftaucht, stimmen sie gegen mich –, aber sie lassen mich an ihren Treffen teilnehmen, und ab und zu nehmen sie mich mit in ihr Programm auf. Die ›Ravens‹ sind der größte Dichterkreis im Village, und von den ganzen Leuten ist keiner ein echter Dichter. Das Beste von allen zusammengenommen würde nicht mal einen drittklassigen Dichter abgeben. Es sind alles Möchtegerne. Pseudos. Nachahmer von Nachahmern. Das sind Nachahmer von schlechten Dichtern, die selber Nachahmer von schlechten Dichtern waren. Ich kann sie nicht ausstehen und sie mich auch nicht, aber so idiotisch es ist, ich bin gern bei ihnen und ihren Treffen. Sie sind so schlecht, dass sie schon wieder gut sind. Und nach dem Programm wird Wein ausgeschenkt. Auch haben sie einen hohen Prozentsatz an unverheirateten Dichterinnen, und früher oder später kriege ich eine rum – sei's nun zu freier Liebe oder zur Heirat, auch wenn es nur so ein gewisses langes, dünnes, x-beiniges Elend ist, auf das ich schon seit einiger Zeit ein Auge geworfen habe, das angeblich über ein privates Einkommen verfügt, Gedichte über die ewige See schreibt, einen Bubikopf, eine lange Nase, einen Adamsapfel und Zigarettenasche auf dem Schoß hat und mit Katzenhaaren übersät ist. ›Woge, woge‹, sagt sie, ›ew'ge See‹, und dann hüpft ihr dicker Adamsapfel auf und nieder. Aber am meisten will ich das Treffen heute Abend deshalb nicht verpassen, weil ich die Chance sehe, mich ein wenig über die ›Ravens‹ lustig zu machen. Heute Abend ist die Nacht der religiösen Lyrik, und ich habe sie beschwatzt, mich ins Programm aufzunehmen. Ich habe um einen Platz ganz am Schluss gebeten. Sie können sich ja vorstellen, zu welch religiöser Lyrik die in der Lage sind. Mystisch! Seelenvoll! Verzückt! In jeder zweiten Zeile ›Mich deucht‹ oder ›obzwar‹, und Tiefe – o Gott, die sind tiefer, als John Donne je zu hoffen gewagt hätte. Wenn sie alle ihren Kram vorgetragen haben, stehe ich auf und trage meinen vor. Passen Sie auf, ich trag ihn Ihnen vor. ›Meine Religion‹ von Joe Gould:

Im Winter bin ich Buddhist
Und im Sommer bin ich Nudist.«

Gould kicherte. Er fragte mich, ob ich die Kapitel der Erzählten Geschichte gelesen habe, die er mir gegeben hatte. Ich bejahte dies und meinte, sie seien doch ziemlich anders gewesen, als ich erwartet hätte, und dass ich gern noch mehr lesen würde.

»Die große Masse der Erzählten Geschichte ist an einem völlig unzugänglichen Ort gelagert«, sagte er und wurde plötzlich ganz ernst, »aber ein paar Kapitel habe ich hier und da in der Stadt verteilt, und die sind leicht zugänglich. Ich sage Ihnen was. Ein alter Freund von mir, Aaron Siskind heißt er und ist so eine Art avantgardistischer Dokumentarfotograf, hat seine Dunkelkammer und seine Privaträume in einer Wohnung über einem Antiquariat in der Fourth Avenue 102, dort habe ich bestimmt sechs, sieben, acht, neun, zehn oder ein Dutzend Aufsatzhefte untergebracht. Er ist jetzt sicher zu Hause – er arbeitet nachts in seiner Dunkelkammer –, und von Goody's aus ist es nur ein kurzer Fußmarsch. Gehen Sie doch einfach hin und lesen Sie die Kapitel! Es macht ihm nichts aus, sie für Sie herauszuholen. Und morgen sehen wir uns bei Goody's. Ich verspreche Ihnen, dass ich dann auch komme.«

Siskinds Wohnung lag über dem Corner Book Shop an der Fourth Avenue Ecke Eleventh Street, mitten im Antiquariatsviertel. Er kam an die Tür, ein kleiner jovialer Mann mit skeptischem Blick, und ich sagte ihm den Grund meines Besuchs, worauf er lachte. »Meine Güte!«, sagte er. »Haben Sie mit Ihrer Zeit nichts Besseres anzufangen?« Dennoch ging er sogleich zu einem Kleiderschrank, der im Flur stand, kniete sich hin, stöberte zwischen Schuhen und herabgefallenen Kleiderbügeln auf dem Boden herum und zog schließlich fünf Aufsatzhefte hervor. »Joe liegt in seinen Berechnungen etwas schief«, sagte er »Im Moment hat er hier nur fünf.« Er klopfte der Staub von den Heften und reichte sie mir, worauf ich mich hinsetzte und eines aufschlug. Auf der ersten Seite stand in sorgfältigen Lettern: »TOD VON DR. CLARKE STORER GOULD. EIN KAPITEL AUS JOE GOULDS ERZÄHLTER GESCHICHTE«. Es erwies sich als eine andere Version von Goulds Bericht über die letzte Krankheit seines Vaters, dessen Tod, Beisetzung und Einäscherung. Die einschlägigen Fakten waren dieselben wie die in der Version, die ich schon gelesen hatte, die Abschweifungen jedoch waren völlig anders. Ich schlug das zweite Buch auf, und der Titel war exakt derselbe: »TOD VON DR. CLARKE STORER GOULD. EIN KAPITEL AUS JOE GOULDS ERZÄHLTER GESCHICHTE«. Es war noch eine andere Version. Der Titel des dritten Hefts lautete: »BESOFFEN WIE EIN SCHWEIN ODER WIE ICH FÜNFZEHNHUNDERT INDIANERN BEI ACHTZEHN GRAD MINUS DEN KOPF VERMESSEN HABE. EIN KAPITEL AUS JOE GOULDS ERZÄHLTER GESCHICHTE«. Es handelte sich offenbar um den Bericht von der Reise, die Gould zu den Indianerreservaten in North-Dakota unternommen hatte. Der Titel der vierten Buchs lautete: »DIE FÜRCHTERLICHE TOMATENSUCHT ODER ACHTUNG! ACHTUNG! NIEDER MIT DR. GALLUP! EIN KAPITEL AUS JOE GOULDS ERZÄHLTER GESCHICHTE«. Es war eine weitere Version des Statistikkapitels. Der Titel des fünften Hefts lautete: »TOD MEINER MUTTER. EIN KAPITEL AUS JOE GOULDS ERZÄHLTER GESCHICHTE«. Es war das kürzeste Kapitel. Es umfasste nur elfeinhalb Seiten, und das meiste bestand aus Abschweifungen über das Thema Krebs.

»Joe kommt alle paar Tage einmal vorbei und haut mich um ein Almosen an oder eine Spende für den Joe-Gould-Fonds, wie er das nennt, und wenn er dann gerade ein Aufsatzheft fertig gestellt hat, geht er zu dem Schrank und schmeißt es hinein«, sagte Siskind, während ich die Hefte durchblätterte. »Das macht er jetzt schon eine ganze Weile so. Er lässt die Hefte im Schrank liegen, bis sich ein halbes bis ein Dutzend angesammelt hat, dann holt er sie eines Tages heraus, steckt sie in seine Mappe und nimmt sie mit. Irgendwann fängt er dann eine neue Sammlung an. Früher hat er mich gebeten, sie zu lesen, was ich auch getan habe, aber jetzt nicht mehr. Er schreibt immer wieder über dieselben Themen, und ich habe wohl leider das Interesse am Tod seines Vaters und dem Tod seiner Mutter und an der fürchterlichen Tomatensucht und den Indianern in North-Dakota und so weiter verloren. Er scheint ein Perfektionist zu sein, entschlossen, von jedem seiner Themen immer neue Versionen zu schreiben, bis er eine hat, die genau richtig ist. Einmal kam er an einem kalten Tag im letzten Winter, setzte sich an die Heizung und fing an, eines seiner Hefte zu korrigieren und zu überarbeiten. Er ging es einmal durch, änderte hier ein Wort und da eins, strich Sätze durch und schrieb neue darüber. Dann fing er wieder von vorn an, änderte weitere Wörter und strich weitere Sätze durch. Dann noch einmal. Dann zerriss er das Ganze und warf es in den Papierkorb. ›Mein Gott, Joe!‹, sagte ich darauf. ›Das hast du jetzt aber wirklich verbessert. So lange, bis gar nichts mehr davon übrig ist.‹«

»Wenn er seine Aufsatzhefte einsammelt und in seine Mappe steckt, wo bringt er sie dann hin?«, fragte ich.

»Dazu hält er sich immer ziemlich bedeckt«, sagte Siskind. »Eigentlich habe ich nie so recht verstanden, warum er sie überhaupt mitnimmt. Ich habe ihm oft gesagt, dass er sie hier lassen kann, solange er will, und dass er auch den ganzen Schrank für sich allein haben kann, wenn er will. Er ist so ein Perfektionist, dass ich mich nicht wundern würde, wenn er sie zerreißt und in den nächstbesten Mülleimer wirft. Und dann wieder von vorn anfängt. Ganz von vorn. Ich glaube aber schon, dass er irgendwo einen geheimen Ort hat, wo er sie hinbringt und aufbewahrt.«

Am nächsten Abend ging ich wieder ins Goody's. Gould saß an einem Tisch gegenüber der Bar. Vor ihm stand ein leeres Bierglas. Er trug denselben schmutzigen Seersucker-Anzug wie bei unserem ersten Treffen, nur war er jetzt noch schmutziger und hatte einen klaffenden Riss an der Schulter. Es sah aus, als hätte ihn jemand wütend am Ärmel gezerrt und diesen dabei halb von der Schulter abgerissen oder dergleichen. Ich ging zu ihm hin, setzte mich, gab ihm die Aufsatzhefte und die kleinen Zeitschriften, die er mir gegeben hatte, zurück und dankte ihm, dass ich sie hatte lesen dürfen.

»Sie waren enttäuscht«, sagte er vorwurfsvoll.

»O nein«, sagte ich.

»Ach«, sagte er. »Das sehe ich doch.«

»Ehrlich gesagt«, sagte ich, »etwas schon. Nach dem, was Sie mir gesagt haben, nahm ich an, dass die Erzählte Geschichte hauptsächlich aus Gesprächen besteht, aber die Kapitel, die Sie mir geliehen haben, und auch die bei Siskind enthielten gar keine Gespräche.«

Gould warf die Arme hoch. »Natürlich nicht«, sagte er. »In der Erzählten Geschichte gibt es zwei Arten von Kapiteln – Essaykapitel und erzählte Kapitel. Zufällig waren alle, die Sie gelesen haben, Essaykapitel.«

Diese Bemerkung löste meine Verwirrung über die Erzählte Geschichte sogleich auf; sie schien alles zu erklären. Ich ging mit Goulds leerem Glas an die Bar und brachte ihm ein Bier. Ich setzte mich wieder hin und sagte ihm, ich würde auch sehr gern einige der erzählten Kapitel lesen.

»O Gott«, sagte Gould. »Wo wir jetzt schon so weit sind, muss ich Ihnen zu der Erzählten Geschichte etwas sagen – nämlich, wo sie sich momentan befindet. Ich hatte gehofft, darüber Stillschweigen bewahren zu können, aber ich sehe ein, dass ich es den Leuten früher oder später ohnehin würde sagen müssen.« Stirnrunzelnd richtete er den Blick zur Decke, strich sich über sein bärtiges Kinn und schien nach den einfachsten Weg zu suchen, etwas zu erzählen, was außerordentlich kompliziert war. »Tja, also, da muss ich ein bisschen ausholen«, sagte er. »Eine Bekannte von mir, die drüben in der Zentrale der öffentlichen Bücherei gearbeitet hat, ging vor mehreren Jahren in Pension und kaufte sich eine Hühner- und Entenfarm auf Long Island, und zum letzten Thanksgiving lud sie mich zu sich ein. Ich sage Ihnen weder ihren Namen noch die genaue Lage der Farm, also stellen Sie keine Fragen dazu. Sie liegt ganz abgelegen, am Ende eines Feldwegs. Die nächste Bahnstation ist Huntington, aber auch von da ist es noch ein ziemliches Stück. Zwei Häuser stehen da. Das eine ist ein Holzhaus, darin wohnt ein polnischer Bauer mit seiner Frau, die sich um die Hühner und Enten kümmern. Das andere ist ein altes Steinhaus, und darin wohnen meine Freundin und eine Nichte von ihr.

Meine Freundin zeigte mir das Haus, einschließlich des Kellers. Der Keller war gemütlich und trocken und weiß getüncht, er war unterteilt in einen großen Raum und drei kleine. Die kleinen waren als Vorratsräume vorgesehen und hatten gute, starke Türen. Und an den Türen waren Schlösser – eingebaute, keine Vorhängeschlösser. Und Anfang Januar dieses Jahres, ungefähr anderthalb Monate nachdem ich dort gewesen war, erzählte mir ein befreundeter Maler, ein Kunsthändler habe ihm gesagt, dass das Metropolitan Museum einige seiner wertvollsten Gemälde für die Dauer des Krieges an einen bombensicheren Ort außerhalb der Stadt bringe, und da fand ich, dass ich mal in die Hufe kommen und mich um die Erzählte Geschichte kümmern sollte. Sofort dachte ich an die Räume im Keller meiner Freundin, mir schien, dass einer davon der ideale Ort für meine Erzählte Geschichte war. Also schrieb ich meiner Freundin und erkundigte mich, ob das möglich wäre. Anfangs hielt sie eher nichts davon – wollte die Verantwortung nicht tragen –, aber ich schrieb ihr noch einmal und sagte, eine gute Bibliothekarin wie sie solle doch die Bedeutung dessen, worum ich sie bitte, verstehen können, und ich versprach ihr, dass noch ungeborene Generationen ihr dankbar sein und sie loben und preisen würden, und schließlich schrieb sie mir, ich solle die Erzählte Geschichte zusammenpacken, in zwei Lagen Öltuch schlagen und mit Stricken zusammenbinden – mit anderen Worten, einen Ballen daraus machen. Das tat ich, und am folgenden Sonntag fuhren sie und ihre Nichte her, holten sie ab, brachten sie zu sich und stellten sie in ihren Keller. Und da ist sie nun. Und wenn Sie mir die Zugfahrt nach Huntington und zurück bezahlen und das Taxi vom Bahnhof zu ihr und zurück und mir genug Geld geben, dass ich ihr eine Schachtel Pralinen als Geschenk kaufen kann, dann fahre ich nächste Woche raus, öffne den Ballen, suche zwei Dutzend repräsentative Kapitel aus – erzählte, versteht sich – und bringe sie her.«

Wir überschlugen, wie viel Geld er für die Reise bräuchte, und das gab ich ihm dann.

Er ließ sich Zeit mit der Reise. Ich sah ihn erst wieder am folgenden Donnerstag, als er zu mir ins Büro kam und sagte, er sei am Tag davor zu seiner Freundin gefahren, sei aber nicht an die Erzählte Geschichte herangekommen. »Meine Freundin war nicht zu Hause«, sagte er. »Ihre Nichte sagte, sie sei schon seit zwei Monaten weg. Sie ist in Florida. Sie hat einen Bruder, ein ehemaliger Englischlehrer an der High-School, Junggeselle, und der verbringe den Winter in St. Augustine, und irgendwann Mitte April habe er einen Schlaganfall gehabt. Sie hängt sehr an ihm und ist hingefahren, um ihn zu pflegen. Und kurz bevor sie ging, sagte die Nichte, habe sie das halbe Haus abgeschlossen, auch die drei Räume im Keller, und die Schlüssel mitgenommen. Das hat mich ziemlich aufgeregt, und ich bat die Nichte, ihr sofort zu schreiben und sie zu bitten, den Schlüssel für den Raum, in dem die Erzählte Geschichte liegt, zurückzuschicken. ›Schreiben Sie ihr doch selbst‹, sagte die Nichte. ›Das geht mich nichts an.‹ Dann dachte ich, es sei doch viel klüger, sie anzurufen, daraufhin gab mir die Nichte die Nummer von da, wo sie wohnt, und ich fände es sehr schön, wenn Sie mir das Geld für den Anruf geben könnten.«

Ich sagte, es ließe sich einrichten, dass er den Anruf gleich jetzt machen könne, über die Redaktionsvermittlung.

»Das wäre prima«, sagte er, »nur dass ich sie nicht tagsüber anrufen soll. Die Nichte sagte, ich solle sie abends anrufen, weil sie tagsüber im Krankenhaus ist. Wenn Sie mir einfach nur das Geld geben würden, rufe ich sie heute Abend von dem Münztelefon im Goody's an.«

Am nächsten Vormittag rief Gould an – ich war gerade im Büro angekommen – und meinte, er habe das Gespräch mit der Frau mehrmals angemeldet und sie dann gegen Mitternacht erreicht. »Sie muss völlig übermüdet und nervös sein«, sagte er, »denn sie hat sehr mit mir geschimpft. Sie erinnerte mich daran, dass sie, als sie eingewilligt habe, die Erzählte Geschichte bei sich zu lagern, ganz klar gesagt habe, dass ich sie nicht herausholen und wieder zurücktun könne, sondern dass ich sie für die Dauer des Krieges da liegen lassen solle. ›Du wolltest, dass sie an einem sicheren Ort ist‹, sagte sie, ›und jetzt ist sie an einem sicheren Ort, also reg dich ab.‹ Ich fragte sie, wann sie wohl wieder zurück sei, aber ihre Antwort war nicht besonders beruhigend. ›Das kann Wochen dauern‹, sagte sie, ›aber auch Monate oder sogar Jahre. Und bis dahin‹, sagte sie, ›geh mir nicht mehr auf die Nerven.‹ Ich versuchte, vernünftig mit ihr zu reden, doch sie legte einfach auf.«

»Hätte es denn Sinn, wenn ich sie anriefe?«, fragte ich.
»Sobald sie merken würde, weswegen Sie anriefen«, sagte Gould, »würde sie auch bei Ihnen auflegen.« Das brachte mich in eine missliche Lage. Seit meinem ersten Gespräch mit Gould hatte ich Freunde und Feinde von ihm aufgespürt und mit ihnen über ihn geredet. Die meisten dieser Leute kannten Gould schon lange und entrichteten entweder schon lange ihr Scherflein für den Joe-Gould-Fonds oder hatten es früher einmal getan. ja, einige davon – E. E. Cummings, der Dichter, Slater Brown, der Schriftsteller, M. R. Werner, der Biograf, Orrick Johns, der Dichter, Kenneth Fearing, der Dichter und Schriftsteller, Malcolm Cowley, der Kritiker, Barney Gallant, der Besitzer des Barney Gallant's, ein Nachtclub im Village, und Max Gordon, der Besitzer des Village Vanguard, ein weiterer Nachtclub im Village – alle hatten sie ihm über zwei Jahrzehnte hinweg ein-, zweimal die Woche zehn Cent, einen Vierteldollar oder einen halben, einen ganzen oder gar zwei Dollar gegeben. Jeder, mit dem ich sprach, meinte, ich solle auch noch mit anderen sprechen, und so hatte ich ungefähr fünfzehn Personen aufgesucht und mit weiteren fünfzehn telefoniert. Alle waren bereit gewesen, mehr als bereit, mir über Gould zu sagen, was sie wussten, und so hatte ich von ihnen eine Menge Anekdoten und viel Biografisches gehört. Ich hatte Zeitungsausschnitte über ihn in den Archiven dreier Zeitungen gelesen. (Der älteste Ausschnitt, den ich gefunden hatte, war vom 2. März 1934 aus der *Herald Tribune*. Darin sagte Gould dem Reporter, die Erzählte Geschichte umfasse

sieben Millionen dreihunderttausend Wörter. In einem anderen Ausschnitt aus der *Herald Tribune* vom 10. April 1937 sagte er, die Erzählte Geschichte sei nun acht Millionen achthunderttausend Wörter lang. Im *PM* vom 24. August 1941 wurde Gould als »Autor, der ein Buch geschrieben hat, das höher als er selbst ist«, bezeichnet. »Der Manuskriptstapel der Erzählten Geschichte ist nun über zwei Meter zehn hoch«, schrieb *PM*. »Gould dagegen misst nur einen Meter zweiundsechzig.«) Auf den Rat eines seiner Studienfreunde hatte ich die Bibliothek des Harvard Clubs aufgesucht und die Jahrgangsberichte – es war der Jahrgang von 1911 – nach Hinweisen auf ihn durchforstet. Einen Tag hatte ich in der Genealogiesammlung der öffentlichen Bibliothek verbracht und neuenglische Stammbäume sowie Archive von Städten und Countys nach Informationen über seine Vorfahren und Familienverbindungen durchsucht und dabei die meisten Angaben, die er dazu gemacht hatte, bestätigt gefunden. Jetzt brauchte ich nur noch eines, nämlich einen Blick auf den erzählten Teil der Erzählten Geschichte zu werfen, das aber erschien mir als ganz wesentlich. Soweit ich es sah, war die Erzählte Geschichte Goulds Existenzgrund, und wenn ich nicht daraus zitieren oder sie nicht wenigstens aus erster Hand beschreiben konnte, war mir schleierhaft, wie ich ein Porträt über ihn schreiben sollte. Ich konnte die Arbeit an dem Porträt liegen lassen, bis diese Frau aus Florida zurückkam und Gould in ihren Keller ließ, doch ich wusste aus Erfahrung, dass das bei einem Projekt dieser Art in der Regel das Ende bedeutete; ich wusste, dass mein Interesse daran nachlassen würde, sobald ich mich mit anderen Dingen beschäftigte, und dass ich mich, wenn es mir lange genug im Nacken saß, wahrscheinlich darüber ärgern würde. Zudem fing ich an, Gould zu misstrauen; mich beschlich das Gefühl, dass er gar nicht wollte, warum auch immer, dass ich den erzählten Teil der Erzählten Geschichte sah und es gut möglich war, dass sich, wenn die Frau wieder da wäre, eine ganz neue Schwierigkeit auftat. Und so beschloss ich, einer Eingebung folgend, das Projekt sofort aufzugeben und so schnell wie möglich mit etwas anderem weiterzumachen.

»Es tut mir Leid, Mr Gould«, sagte ich, »aber ich glaube, es ist besser, wir lassen die ganze Sache sein.«

»Aber nein!«, sagte Gould. Er klang ganz bestürzt. »Sehen Sie«, sagte er, »ich habe ein abnormes Gedächtnis. Man hat mir sogar oft gesagt, ich hätte wahrscheinlich das, was die Psychologen das absolute Gedächtnis nennen. Ich habe schon mehrmals Kapitel aus der Erzählten Geschichte verloren und sie vollständig aus dem Gedächtnis rekonstruiert. Einmal habe ich eines verloren, es rekonstruiert und dann das Verlorene wieder gefunden, und ganz viele Seiten waren nahezu Wort für Wort identisch. Wenn wir uns heute Abend im Goody's treffen, lese ich Ihnen ein paar Kapitel vor. Wenn Sie die entsprechende Geduld aufbringen, lese ich Ihnen hunderte vor. Auf diese Weise bekommen Sie eine ebenso gute Vorstellung von der Erzählten Geschichte, wie wenn Sie sie lesen würden. In Anbetracht meiner Handschrift vielleicht sogar eine bessere.«

An jenem Abend setzten Gould und ich uns gegen acht in eine hintere, ruhige Ecke im Goody's. Zunächst trank er zwei doppelte Martinis, und zwar, wie er sagte, aus einem bestimmten Grund. »Ich habe herausgefunden«, sagte er, »dass Gin dem Gedächtnis auf die Sprünge hilft.« Dann fing er an, die Lebensgeschichte eines Mannes zu erzählen, dem er, wie er sagte, immer wieder in diversen Absteigen begegnete und der eine Art religiöser Fanatiker sei und der Diakon genannt werde; er erzählte sie in der ersten Person, genauso, wie der Diakon sie ihm erzählt hätte. Der Diakon war ein trübsinniger, regelmäßiger Trinker. Er war ein abtrünniges Mitglied irgendeiner schismatischen lutherischen Sekte und stand unter dem Eindruck, seine Seele verloren zu haben, er glaubte, in der Bibel Hinweise auf das genaue Datum – Jahr, Monat, Tag und Uhrzeit – des Endes der Welt entdeckt zu haben, und er sah nachts oft Dinge. In einer Sommernacht beispielsweise, während er in einem Eingang in der Great Jones Street in der Nähe der Bowery saß, roch er Schwefel, blickte auf und sah, wie der Teufel vorbeiging, und er spürte die Wärme, die dieser verströmte. In derselben Nacht sah er dann noch zwei Meerjungfrauen im East River. Sie waren auf Höhe von Pier 26, am Ende der Catharine Street, und tollten im Mondschein umher. »Sie waren nicht so sehr halb Frau, halb Fisch«, sagte er Gould. »Sie waren eher halb Frau, halb Schlange. Als sie mich an der Pier sitzen sahen, streckten sie die Arme aus und zappelten und versuchten, mich zu ihnen zu locken, dass ich mit ihnen mitkäme, und wenn ich das getan hätte, hätten sie mich umschlungen und auf den Meeresgrund gezogen.«

Gould verbrachte eine Stunde damit, mir von den Visionen und Qualen des Diakons zu erzählen. Nachdem er dann noch zwei doppelte Martinis getrunken hatte, zitierte er einige Bemerkungen, die, wie er sagte, eine trübselige alte Ungarin ihm gegenüber gemacht habe, die unter dem Namen Old Budapest oder Old Buda the Pest bekannt sei und die immer in Bars in der Third Avenue, am Cooper Square, gesessen habe und auf jeden, der ihr zuhörte, unablässig einredete. Gould sagte, er habe viele Aufsatzhefte mit ihren Erzählungen gefüllt. Old Buda war dreimal verheiratet und dreimal verwitwet gewesen; über einen ihrer Männer hatte sie in Verbindung zum Drogenhandel gestanden; sie war Puffmutter gewesen oder, wie sie es bezeichnete, »die Betreiberin eine Hauses mit möblierten Zimmern für Frauen im NAVY-Yard-Bezirk in Brooklyn«; und schließlich war sie als Küchenhilfe in einem Stadtkrankenhaus gelandet. Ihre Erzählung bestand im Wesentlichen aus Beschreibungen oder Betrachtungen von schrecklichen Dingen, die sie erlebt oder beobachtet hatte. Gould trug einige ihrer Monologe wörtlich vor, paraphrasierte andere und fasste weitere zusammen. Nachdem er mit Old Buda zu Ende war, trank er einen vierten Martini – diesmal einen einfachen. Dann bestellte er sich noch einen, trank ihn aber nicht ganz aus. Stattdessen bestellte er sich ein großes Bier, trank es aus, bestellte sich sodann ein kleines Bier und trank es ebenfalls. Dann beschrieb er ein Esslokal, in dem er, wie er sagte, Anfang der dreißiger Jahre häufig gewesen sei. Es hieß Frenchy's Coffee Pot; es lag an der First Avenue, nahe der Twenty-ninth Street, gleich gegenüber der Pathologie des Bellevue-Krankenhauses, ein Gebäude, in dem auch das Leichenschauhaus der Stadt untergebracht war; es hatte bis zwei Uhr morgens geöffnet und öffnete dann wieder um sechs Uhr morgens; seine Kundschaft setzte sich vor allem aus Krankenschwestern, Assistenzärzten, Pflegern, Krankenwagenfahrern, Arbeitern im Leichenschauhaus, Studenten der Einbalsamierschule und anderen zusammen, die im Krankenhaus oder im Leichenschauhaus zu tun hatten. Wann immer es ging, sagte Gould, verwickelte er diese Leute in Gespräche, und dann fing er an, einiges, was diese Leute ihm erzählt hatten, zu zitieren. »Dieser Teil der Erzählten Geschichte ist ziemlich blutig«, sagte er. »Er heißt ›Hintertreppenecho von Bellevue‹ und ist in Abschnitte eingeteilt mit Überschriften wie ›Spektakuläre Operationen und Amputationen‹, ›Grausame Tode‹, ›Sadistische Ärzte‹, ›Alkoholkranke Ärzte‹, ›Drogenabhängige Ärzte‹, ›Ärzte als Schürzenjäger‹, ›Riesige Tumoren usw.‹ und ›Seltsame Gegenstände, die bei Autopsien gefunden wurden‹.«

Nachdem er des Längeren aus jedem dieser Abschnitte über Bellevue zitiert hatte, bestellte Gould ein weiteres kleines Bier und trank es und meinte dann, er werde nun eine Weile aus dem längsten und wichtigsten Teil der Erzählten Geschichte zitieren. Er sagte, dieser Teil heiße »Ein unendliches Gefasel« und handele vom Village und umfasse ungefähr fünfundsiebzig Aufsatzhefte. »Er enthält eine ungeheure Menge an Monologen, Unterhaltungen und Streitereien über eine große Vielfalt von Meinungen über Kunst, Literatur, Politik, Theologie und sexuelle Dinge, die ich im Village mitgehört habe«, sagte er, »und er wird für Sozialhistoriker in zukünftigen Jahrhunderten sehr wichtig sein, doch das Wichtigste darin ist der Klatsch – die Dinge, die die Leute im Village in den zwanziger und dreißiger Jahren über andere hinter deren Rücken sagten. Wie ich irgendwo in der Einleitung zu diesem Teil schreibe, die allein schon neun Aufsatzhefte umfasst: ›Gehässiger Klatsch, gemein und gehässig. Bosheit und Eifersucht und Lust und Übellaunigkeit der mittleren Lebensjahre.‹ Sie können mir praktisch jeden nennen, der sich während des vergangenen Vierteljahrhunderts im Village aufgehalten hat, wahrscheinlich habe ich über sie oder ihn etwas in diesem Teil der Geschichte – etwas Gemeines. Dennoch, wie auch immer und ungeachtet dessen und sei es, wie es wolle«, sagte er und stand auf, »bitte entschuldigen Sie mich kurz.«

Ich hatte mir so eifrig Notizen gemacht, dass ich eine ganze Weile gar nicht aufgeblickt hatte. Jetzt aber tat ich es und sah, dass Gould betrunken war, so gut wie jedenfalls. Seine Augen waren leer und starr; er fixierte mich, als hätte er mich nie zuvor gesehen. Ich war ganz überrascht, denn seine Stimme war klar gewesen, und er hatte zusammenhängend geredet. »Ich bin gleich wieder da«, sagte er. Er schob sich vom Tisch weg und torkelte auf den Gang. Dann fing er sich wieder und machte sich auf den Weg zur Herrentoilette, schlurfte vorsichtig in die Richtung und hielt dabei die Arme ausgestreckt, als wolle er so das Gleichgewicht halten, wie ein gebrechlicher alter Mann.

Als er wiederkam, sagte ich, das viele Reden habe ihn doch wohl etwas ermüdet, und schlug vor, das Treffen jetzt zu beenden und am nächsten Abend weiterzumachen. Heftig schüttelte er den Kopf. »Ich bin kein bisschen müde«, sagte er. Ich klappte mein Notizbuch zu und steckte es in die Tasche. »Sie sind doch derjenige, der müde ist«, sagte er und packte mich am Ärmel. »Gehen Sie noch nicht«, sagte er. »Ich möchte noch etwas über meine Mutter sagen. Neulich im Diner habe ich nichts von ihr erzählt, aber ich meine, ich sollte es doch tun. Sie brauchen sich auch gar nichts aufzuschreiben. Hören Sie einfach nur zu.«

Seine Mutter sei eine gute Mutter gewesen, sagte er, bis auf eine Ausnahme. Sie habe ihn nie als Erwachsenen behandelt. Während er in Harvard gewesen sei, sagte er, und selbst dann noch, als er schon Jahre in New York gelebt habe und weithin als Bohemien bekannt gewesen sei und sich einen Bart habe wachsen lassen, habe sie ihm immer wieder Päckchen mit Bonbons namens »Peach Pits« geschickt, die er als Kind gemocht habe. Das sei typisch gewesen, sagte er. »Meine Mutter hatte mir, als ich ein Junge war«, sagte er, »etwas angetan, was ich ihr nie vergeben oder vergessen konnte. Ihnen mag es als ein trivialer Vorfall erscheinen, der es nicht wert ist, dass man weiter darüber nachdenkt, ich aber habe mindestens tausendmal darüber nachgedacht. Eines Abends saßen wir nach dem

Abendessen im Salon unseres Hauses in Norwood. Ich lernte, und als ich zufällig einmal aufblickte, sah ich, dass sie mich anschaute, und zwar wohl schon eine ganze Weile, und dass ihr Tränen über die Wangen liefen. ›Mein armer Sohn‹, sagte sie.« Goulds Augen glühten. Er schwieg einige Augenblicke. Dann vergaß er seine Mutter plötzlich und fing an, über seinen Vater zu reden. Er redete nur noch über seinen Vater und konnte kein Ende mehr finden. Sein Vater habe sich für Eisenbahnen begeistert, sagte er, und Fahrpläne und Bilder von Lokomotiven gesammelt. Norwood liegt an einer Nebenstrecke der damaligen New England Railroad, die heute in die New York, New Haven & Hartford aufgegangen ist, und sein Vater sei der örtliche Bahnarzt gewesen und Mitglied der internationalen Vereinigung der Bahnärzte. »Eines Abends«, sagte Gould, »legte mein Vater die Zeitung beiseite, es war der Bostoner *Evening Transcript,* das können Sie mir glauben, und verkündete, er wolle am nächsten Morgen nach Boston fahren, um sich eine neue Lokomotive anzusehen, die da in Dienst gestellt werden sollte, und dann sagte er, dass er mich mitnehmen wolle. Da war ich ungefähr neun oder zehn, da hatte er mich noch nicht aufgegeben, und es war einer der glücklichsten Tage meines Lebens. Wir standen noch vor Tagesanbruch auf, dann fuhren wir mit dem Frühzug und machten im Bahnhofsrestaurant in Boston Pause und aßen ein zweites Frühstück. Er trank Kaffee und aß ein Zimtbrötchen, ich trank heiße Schokolade und aß auch ein Zimtbrötchen. Dann gingen wir auf den Rangierbahnhof. Dort standen eine Menge Eisenbahner um die Lokomotive herum und betrachteten sie, und mein Vater kannte einen von ihnen. ›Guten Tag, Mr Delehanty‹, sagte mein Vater. ›Das ist mein Sohn Joseph.‹«

Gould war von dieser Erinnerung so bewegt, dass seine Stimme brach, er Tränen in den Augen hatte und mit seiner Erzählung nicht fortfahren konnte. Etwas später, während er sich noch die Augen mit einer Papierserviette abtupfte, kam einer der alten Bohemiens von der Bar zu ihm und sagte: »Ich weiß, wie dir zu Mute ist, Joe. Es war wirklich ein Schock.« Gould starrte den alten Bohemien an. »Was für ein Schock?«, fragte er. Der Alte starrte seinerseits Gould an. »Das zu hören«, sagte er. »Was zu hören?«, fragte Gould. »Bob«, sagte der Alte. Dann betrachtete er Gould forschend und sagte, als er sah, dass dieser nicht wusste, wovon die Rede war, ein Mann namens Bob Soundso (den Nachnamen verstand ich nicht), offenbar auch ein alter Bohemien und ein Freund von beiden, sei bei Goody's am Nachmittag, während er an der Bar saß, umgekippt und daraufhin ins St. Vincent's Hospital gebracht worden, wo er, einem Anruf zufolge, den der Barmann gerade erhalten habe, kurz nach der Aufnahme gestorben sei. Gould war von dieser Nachricht sichtlich erfreut. »Also, das muss ich schon sagen«, sagte er, »ich finde, das war sehr löblich von Bob. Eigentlich«, fuhr er fort, »war es das Löblichste, was er je gemacht hat.« Der Alte war ziemlich verdattert, doch gleich darauf änderte sich seine Miene, und er lachte herzhaft. »Der arme alte Bob«, sagte Gould zu seiner Entlastung. Dann vertieften er und der Alte sich in eine ungeheuer ernste Diskussion über Bobs Alter – ob er schon siebzig oder noch immer in den Sechzigern war –, und ich ergriff die Gelegenheit, mich zu verabschieden und zu verschwinden.

Am nächsten Abend trafen Gould und ich uns wieder bei Goody's. Wir begannen um sechs, und ich hörte ihm bis Mitternacht zu. Den darauf folgenden Abend, Sonntag, übersprangen wir. Am Montag trafen wir uns erneut um sechs, und wieder hörte ich ihm bis gegen Mitternacht zu. Ich glaubte, wir hätten uns am Dienstagabend für acht verabredet, doch anscheinend hatte ich ihm das nicht klar genug gemacht, und so hatte er seit sechs gewartet und war so begierig anzufangen, dass er ganz aufgeregt war. Dafür hörte ich ihm zu, bis das Goody's schloss, also bis vier Uhr morgens. Dann sah ich ihn Mittwochabend wieder, dann Donnerstagabend und wieder Freitagabend. Diese Sitzungen folgten einem bestimmten Muster. Gould zitierte aus der Erzählten Geschichte während Gin und Bier allmählich Wirkung zeigten, dann verlor er mehr und mehr das Interesse daran und redete immer wieder über sich, bis er schließlich nur noch über sich redete. Offenbar war er der Ansicht, dass keine Einzelheit seines Lebens zu trivial war, um sie zu erzählen. Er erzählte mir, wie er das erste Mal einen Fisch fing oder wie ihm die Mandeln entfernt wurden, er erzählte alberne Familienanekdoten, wobei er sich ausschüttete vor Lachen, er erinnerte sich in allen Einzelheiten an irgendwelche Unterhaltungen, die er vor langer Zeit mit Jugendfreunden über die Mysterien des Erwachsenseins geführt hatte. Einmal machte er mich auf einige Narben an seiner Wange und auf der Stirn aufmerksam und erzählte mir, wie er jede einzelne bekommen hatte; ich erinnere mich, dass zwei auf der Stirn daher rührten, dass ein Glas mit gedünsteten Tomaten, die seine Mutter eingeweckt hatte, explodierte. Spätabends machte er dann einmal eine Pause und fragte mich, ob ich es leid sei, ihm zuzuhören, worauf ich eigentlich höflich sein und »Nein, überhaupt nicht!« sagen wollte, doch die Müdigkeit machte mich ehrlich, und ich sagte, es stimme, worauf er kicherte und meinte, er könne mit mir mitfühlen, doch habe er Jahre darauf gewartet, mit jemandem über sich reden und so richtig ins Detail gehen zu können, und da er nun die Gelegenheit dazu habe, wolle er sie auch nutzen, so gut er könne. »Und da Sie ja über mich schreiben werden«, sagte er, »können Sie gar nicht anders – es ist Ihre Pflicht, mir zuzuhören, es gehört zu Ihrer Arbeit.«

Nach der Sitzung am Freitagabend, die zehn Stunden dauerte – sie begann um sechs und endete morgens um vier –, fand ich, dass ich mich nun mit einer repräsentativen Anzahl von Kapiteln der Erzählten Geschichte genügend vertraut gemacht hatte und dass es nun wirklich reichte und ich ihm nicht mehr zuhören wollte, wenngleich ziemlich klar war, dass er gerade erst angefangen hatte und noch Wochen lang so weitermachen konnte; ich hielt es einfach nicht mehr aus. Ich versuchte, ihm dies zu sagen, merkte aber, wie ich zögerte und heuchelte, und da unterbrach er mich. »Wenn Sie mir sagen wollen, dass Sie nicht mehr hören wollen«, sagte er ein wenig verärgert, »dann brauchen Sie sich nicht zu entschuldigen. Mir ist vollkommen bewusst, dass ich zu viel rede.«

Am folgenden Montag, es war der 29. Juni, begann ich mit meinem Porträt Goulds. Am Dienstag rief Gould gegen Mittag an und sagte, er mache sich Sorgen wegen der Fakten bezüglich seiner Herkunft, die er mir gegeben hätte, und er wolle vorbeikommen und sie mir erklären. Es steckten manche Feinheiten darin, die mir entgehen könnten, sagte er, da er ja Neuengländer sei und ich nicht. Er kam und blieb bis weit in den Nachmittag hinein, doch erklärte er keinerlei Fakten; er redete einfach noch mehr über sich. Am Mittwoch rief er in aller Frühe an und meinte, er habe fast die ganze Nacht damit verbracht, noch einmal über unsere Gespräche nachzudenken, und habe zu seinem Schrecken gemerkt, dass er eine ganze Menge sehr wichtiger Dinge vergessen habe zu erzählen. Er sagte, er wolle vorbeikommen und mir diese zusätzlichen Informationen geben. Ich sagte ihm, ich versänke und erstickte und ertränke in Informationen, und bat ihn, mir erst wieder etwas zu erzählen, wenn ich die erste Fassung des Porträts fertig und er sie gelesen hätte. Dann könne er mich auf die Lücken hinweisen, sagte ich. Am Donnerstagvormittag kam die Dame vom Empfang herein und sagte, er sei draußen und wolle mich unbedingt sprechen. »Er sagt, es sei sehr wichtig«, meinte sie. Ich bat sie, ihm zu sagen, ich sei auf einer Beerdigung. Ungefähr eine Stunde saß er dann noch im Empfangsraum, hinterließ dann bei der Empfangsdame eine Notiz und ging. »Wie ich mich erinnere, habe ich Ihnen gesagt, die Überschrift des Teils der Erzählten Geschichte über das Greenwich Village lautet: ›Ein unendliches Gefasel‹«, stand auf dem Zettel. »Nach reiflicher Überlegung bin ich zu dem Schluss gekommen, diesen Titel zu ändern, und ich glaubte Sie sogleich über diese Entscheidung in Kenntnis setzen zu müssen. Der neue Titel lautet: ›Die Klapsmühle ohne Gitter, oder Abstieg bei Tag und Abstieg bei Nacht in die intellektuelle Unterwelt unserer Zeit‹. Sollten Sie Gelegenheit haben, auf diesen Teil der E. G. Bezug zu nehmen, dann denken Sie bitte daran.« Am Freitag rief er an, und ich belog ihn. Ich sagte ihm, ich machte Urlaub und sei zwei Wochen weg. Während dieser zwei Wochen kam ich früh ins Büro und ging spät. Ich wurde nicht unterbrochen und schrieb das Porträt zu Ende. Dann machte ich Urlaub.

Bald nach meiner Rückkehr Anfang August rief Gould an. Inzwischen war das Porträt gesetzt, und ich bat ihn, vorbeizukommen und die Korrekturfahnen zu lesen. Er las langsam und sorgfältig und meinte dann, es gefalle ihm. »Gibt es etwas darin, was ich ändern sollte?«, fragte ich. »Kein Wort«, sagte er. Am nächsten Tag kam er wieder und meinte, der Abschnitt, der sein Wissen über die Möwen behandele, solle viel länger sein. »Die Leute werden sicher noch viel mehr darüber wissen wollen«, sagte er. Zwei Tag später kam er mit einem ähnlichen Vorschlag bezüglich eines anderen Abschnitts. Drei Tage danach kam er mit einem ähnlichen Vorschlag zu einem wieder anderen Abschnitt. Er machte es sich zur Gewohnheit, wenigstens einmal pro Woche zu kommen und mich überreden zu wollen, hier ein paar Sätze oder da einen Abschnitt hinzuzufügen. Nie wollte er, das ich etwas änderte; er wollte immer nur mehr hinein haben. An der Mehrzahl der Tage, an denen er nicht kam, rief er mich an. Schon beim Klang seiner Stimme verzog ich das Gesicht.

Goulds Porträt erschien im *New Yorker* am 12. Dezember 1942 unter dem Titel »Professor Möwe«. An dem Tag, bevor die Nummer in die Kioske kam, musste ich in den Süden fahren, weil ein Verwandter erkrankt war. Dort hatte ich einiges Pech – ich wurde beim Sprung über einen Graben vom Pferd abgeworfen und kugelte mir eine Schulter aus, und während ich noch im Bett lag, bekam ich eine Lungenentzündung, sodass ich erst drei Wochen später wieder nach New York kam, also erst wieder im neuen Jahr. Als ich mein Büro betrat, lag ein Stapel mit Briefen von Lesern des Porträts auf meinem Schreibtisch. Fünfundvierzig waren an mich adressiert, siebzehn an Gould. Einer der an mich adressierten Briefe war von Gould selbst.

»Ich hatte schon immer das Gefühl, meiner Zeit weit voraus zu sein«, schrieb Gould. »Folglich habe ich es immer als selbstverständlich angesehen, dass die Bedeutung der Erzählten Geschichte erst irgendwann in der fernen Zukunft, lange nach meinem Tod, erkannt werden würde, doch dank Ihres kleinen Artikels sehe ich jetzt Anzeichen, dass dies schon zu meinen Lebzeiten geschehen könnte. Fremde auf der Straße haben mich bisher immer mit einem Ausdruck der Verwirrung oder gar des ausgesprochenen Hasses angesehen, nun aber scheinen sie in stetig zunehmender Zahl zu wissen, wer ich bin, und begegnen mir mit Respekt, und immer wieder werde ich angehalten und nach der Erzählten Geschichte gefragt. Und Leute, die mich richtig kennen und mich schon seit langem kennen, sehen mich allmählich in einem anderen Licht. Ich bin nun nicht mehr dieser Spinner Joe Gould, sondern dieser Spinner Joe Gould, der einmal als einer der größten Historiker aller Zeiten gelten könnte. Ein Großer wie Froissart. Ein Großer wie John Aubrey. Ein Großer wie Gibbon. Sogar bei den Village-Radikalen habe ich eine Veränderung bemerkt. Einer, der mich lange gemieden hat, sprach mich neulich an. Er war herablassend, aber er sprach mit mir. ›Ich weiß ja, dass Sie etwas Derartiges nicht vorhaben‹, sagte er, ›aber die Erzählte Geschichte könnte sich durchaus als eine Art Röntgenbild der Seele der Bourgeoisie erweisen.‹ ›Woher wollen Sie wissen, was ich nicht vorhabe?‹, fragte ich ihn. Es dürfte Sie auch interessieren zu erfahren, dass die Tresenleute und Kellnerinnen im Jefferson Diner wieder angefangen haben, mit mir ihre Scherze zu treiben. Wenn ich jetzt hingehe, nennen sie mich Professor oder Möwe oder Professor Möwe oder Mungo oder Professor Mungo oder der Bellevue Boy, genau wie früher, und ich weiß nicht warum, aber es gefällt mir. Manchmal, wenn sie ihre Scherze treiben, haben solch ungebildete Menschen eine Art lichte Dreistigkeit, die sehr lustig und ansteckend ist. Es gibt einem Auftrieb. Ungebildet in

Bezug auf Bücher, meine ich. Auf manchen Gebieten wünschte ich, ich wüsste nur ein Zehntel dessen, was sie wissen. Ich mache noch immer meine Runden durch die Lokale der Sixth Avenue, aber jetzt habe ich ein neues entdeckt – die Minetta Tavern, in der Macdougal Street Ecke Minetta Lane, im italienischen Teil des Village. Das Minetta ist eine altmodische Eckkneipe, in der auch Essen serviert wird und in die hin und wieder auch ein paar Touristen kommen. Der Besitzer hätte gern mehr Touristen, und so haben er und ich gewissermaßen eine unausgesprochene Abmachung getroffen. Ich sitze dort vom Spätnachmittag bis neun, zehn oder elf Uhr abends an einem Tisch, arbeite an der Erzählten Geschichte und verleihe dem Lokal damit eine Art Village-Atmosphäre. Ich bin sozusagen der Haus-Bohemien. Im Gegenzug sorgt er dafür, dass ich kostenlos das Tagesmenü bekomme, solange ich nur Spagetti und Fleischbällchen oder dergleichen als Hauptgericht bestelle, und wenn es sein muss, komme ich auch mit einer Mahlzeit am Tag aus. Auch gibt es immer Leute, die mir ein Bier oder ein Glas Wein oder, wenn ich es sehr nötig habe, einen Martini spendieren. Und wenn ich mit Touristen spreche und ihnen die Erzählte Geschichte erkläre, kann ich auch etliche Einnahmen im Joe-Gould-Fonds verbuchen ...«

An dem Abend steckte ich die Briefe an Gould in die Tasche und ging in die Minetta Bar. Gould saß am auffälligsten Tisch des Lokals – ganz vorn, gegenüber der Bar und vom Fenster zur Minetta Lane einsehbar – und schrieb eifrig in ein Aufsatzheft. Ich gab ihm die Briefe, die er misstrauisch beäugte. Als er dann ein paar gelesen hatte, wurde er ganz aufgeregt und riss sie alle auf, überflog sie und murmelte anerkennend vor sich hin. Alle Briefe waren mehr oder weniger schmeichelhaft. Einer war von einer Frau in Norwood, die in der HighSchool mit ihm in eine Klasse gegangen war. Er war mit Bleistift auf liniertem Papier geschrieben, sechs, sieben Seiten lang und enthielt Neuigkeiten über eine Reihe von Leuten, von denen Gould, wie er sagte, nichts mehr gehört hatte, seit er von zu Hause weggegangen war, und er war sehr freundlich geschrieben. Goulds Gesicht leuchtete, als er ihn las. »Dein altes Haus ist immer noch eines der hübschesten in Norwood«, schrieb die Frau. »Leute in meinem Alter oder älter nennen es das alte Dr. Gouldsche Haus. Es ist jetzt ein Wohnheim für Lehrerinnen, Krankenschwestern, Witwen und Frauen, die allgemein besser gestellt sind und allein leben. Erinnerst Du Dich an Mrs Annie Faulkner? Ihr gehört es, und sie betreibt es auch. Es hat Platz für achtzehn Frauen. Drinnen sieht es weitgehend genauso aus wie damals, als Du darin gewohnt hast. Zum Teil sind noch die alten Möbel da, beispielsweise der große Spiegel im Flur mit den goldenen Amoretten darauf. Wenn ich mich recht erinnere, hattest Du Verwandte in Boston und anderswo in Massachusetts, die recht gut betucht waren, und vielleicht hinterlässt Dir früher oder später einer davon ein bisschen was, und falls dies einmal geschehen sollte (und Du weißt ebenso gut wie ich, dass solche Dinge in weit verzweigten alten Familien wie der Deinen, die voller alter unverheirateter

Tanten und Cousinen sind, durchaus passieren kann, und die könnten es doch genauso gut Dir wie ihren geliebten Katzen oder Hunden oder der Christian Science Church hinterlassen, wie sie es sonst immer tun), dann komm doch einfach wieder hierher und kaufe das alte Haus zurück und lebe wenigstens einen Teil des Jahres in Norwood. Ich war sehr stolz auf Dich, als ich über das Geschichtsbuch las, an dem Du schreibst, und andere habe ich dasselbe sagen hören, und ich prophezeie Dir, dass eines Tages Dein Denkmal in Norwood stehen wird …« Einigen Briefen waren Dollarscheine beigefügt. »Trink einen auf mich«, schrieben sie dazu oder dergleichen. Einer, ein Studienfreund aus Harvard, hatte sogar einen Fünfdollarschein beigelegt. Ein anderer, ein pensionierter Marineoffizier, einen Scheck über fünfundzwanzig Dollar. Der pensionierte Marineoffizier schrieb, er verbringe viel Zeit damit, auf der Pier einer Krabbenschälfabrik nahe seines Hauses in Annapolis, Maryland, zu sitzen, Möwen zu beobachten und ihnen zuzuhören. »Ich liebe Möwen ganz ähnlich wie Sie«, schrieb er, »und manchmal meine ich, dass auch ich ihre Sprache verstehen kann.«

Ich sagte zu Gould, ich hoffte, er schreibe diesen Leuten und bedanke sich bei ihnen.

»Ihnen schreiben!«, sagte er. »Noch heute Abend mache ich mich daran und tue mein Bestes, mit jedem Einzelnen von ihnen einen Briefwechsel zu beginnen. Vielleicht kann ich ja einige davon überzeugen, regelmäßig Beiträge zum Joe-Gould-Fonds zu leisten.«

Gould ging an die Bar, um einem Mann dort, den er

kannte, einen Brief zu zeigen. Das Aufsatzheft, in dem er geschrieben hatte, lag offen auf dem Tisch, und ich betrachtete es. Auf der ersten Seite stand in großen, sorgfältig gemalten Großbuchstaben »TOD VON DR. CLARKE STORER GOULD. EIN KAPITEL AUS JOE GOULDS ERZÄHLTER GESCHICHTE«. Ich überlegte, dass dies nun die vierte Version dieses Kapitels war, die ich gesehen hatte. Als er zurückkam, sagte ich: »Wie ich sehe, arbeiten Sie noch immer an dem Kapitel über den Tod Ihres Vaters.« Er reagierte gereizt. »Stimmt etwas nicht damit?«, fragte er. »Neulich Abend hatte ich im Goody's eine Diskussion genau darüber mit Maxwell Brodenheim und ein paar anderen alten Bohemiens. Da Max mir ständig über die Schulter sieht, weiß er, dass ich seit Jahren über den Tod meines Vaters arbeite. Er weiß, dass ich es immer wieder beiseite lege und mir wieder vornehme. Und er machte sich darüber lustig, dass ich so viel Zeit damit verbringe. ›Erzähl mir nicht, dass du immer noch versuchst, deinen Vater zu begraben‹, sagte er zu mir. Max hat selbst ein ganzes Regal voller Bücher geschrieben – das heißt, ein ganzes Regal voller Romane; ein ganzes Regal voller miserabler Romane; ein ganzes Regal voller *langer* miserabler Romane – und er glaubt, das gäbe ihm das Recht, anderen zu sagen, wie man das macht. Ich sagte ihm, ich versuchte ja nur, einen Bericht darüber zu schreiben, der dann ein kleines Meisterwerk und von Dauer ist. Weiter nichts. ›Qualität‹, sagte ich zu ihm, ›nicht Quantität.‹ Ich sagte ihm, dass das kleine fünfzeilige Gedicht, das ich zum Tode der *Dial* geschrieben habe, mehr wert sei als alle seine Schwafelromane zusammen. ›Ein fünfzeiliges Gedicht, das in seiner Art perfekt ist‹, sagte ich, ›ist mehr wert als jede Anzahl dicker, formloser, gestaltloser Bücher.‹«

Mir kam der Gedanke, dass es für den Autor eine dicken, formlosen und gestaltlosen Buches wie der Erzählten Geschichte eigenartig war, so etwas zu sagen.

Ich hatte Gould die Briefe an einem Montagabend gebracht. Am darauf folgenden Mittwoch kam ein weiterer Brief für ihn. Ich leitete ihn in die Minetta Tavern weiter. Freitag früh kamen weitere vier Briefe für ihn, und ich beschloss, am Abend auf dem Nachhauseweg in der Minetta vorbeizugehen und sie ihm zu bringen. Doch kurz nach der Mittagspause steckte die Empfangsdame den Kopf zu mir herein und sagte, Gould sei im Empfangszimmer und wolle wissen, ob noch Post für ihn da sei. Mir wurde ganz bang. O Gott, dachte ich, jetzt bin ich geliefert. Von jetzt an wird er praktisch jeden Abend kommen und nach Post fragen. Und jedes Mal, wenn er kommt, redet und redet und redet er. Und er wird weiter kommen, jahrein, jahraus, bis einer von uns stirbt. »Bitte schicken Sie ihn herein«, sagte ich. Er kam in mein Büro, ich gab ihm die Briefe, und er betrachtete sie eingehend, Vorder- und Rückseite. »Ich habe allen, die mir geschrieben haben, zurückgeschrieben, so wie ich es gesagt habe«, sagte er, »und das sind die ersten Antworten.«

»Wenn Sie ihnen weiterhin schreiben«, sagte ich, »wäre es dann nicht besser, wenn Sie die Minetta Tavern als Adresse angäben?«

»Wenn es Ihnen nichts ausmacht«, sagte er, plötzlich unwillig, »nehme ich den *New Yorker* auch weiterhin als Adresse. Jetzt sind sie in der Minetta noch nett zu mir, aber sie können mich auch jederzeit satt haben und mich rausekeln, und dann möchte ich nicht hingehen müssen, um nach meiner Post zu fragen.« Dann sagte er etwas, wobei mir die Spucke wegblieb. »Hören Sie«, sagte er, »Sie sind doch derjenige, der mit allem angefangen hat. Ich bin nicht zu Ihnen gekommen, sondern Sie zu mir. Sie wollten eine Geschichte über mich schreiben, das haben Sie auch getan, und jetzt müssen Sie die Konsequenzen tragen.«

»Bitte verzeihen Sie«, sagte ich. »Sie haben Recht.«

Sogleich wurde Gould wieder versöhnlich. »Mit anderen Worten«, sagte er und kicherte, »wenn Sie sich mit den Hunden hinlegen, dürfen Sie sich nicht wundern, wenn Sie mit Flöhen wieder aufstehen.« Danach kam Gould, wie ich befürchtet hatte, häufig. Er kam zwei-, dreimal die Woche, meistens nachmittags. Wenn er stocknüchtern war, war er schüchtern – schüchtern und verzweifelt. Er war wie einer, der zu schüchtern ist, Fremde anzusprechen, aber nicht zu schüchtern, eine Bank zu überfallen. War er so, wenn er kam, ging er gleich vorbei am Empfang, platzte in mein Büro, ohne anzuklopfen, nahm seine Post, wenn welche da war, nahm eine Spende für den Joe-Gould-Fonds in Empfang, zog die Morgenausgabe der *Herald Tribune* aus dem Papierkorb und trollte sich wieder, alles binnen weniger Minuten. Hatte er getrunken, bevor er kam, setzte er sich hin und redete, und ich musste alles liegen und stehen lassen und ihm zuhören. Das machte mir eigentlich nichts weiter aus – in diesem Zustand hatte er häufig den ganzen Klatsch parat, der gerade in den Bars und Kaschemmen im Village die Runde machte, und ich hatte ein morbides Interesse an derlei Klatsch entwickelt. Auch konnte ich zumeist damit rechnen, dass er nach einer halben Stunde wieder weg war. Hatte er jedoch einen Kater, wenn er kam, war der Nachmittag gelaufen. In diesem Zustand musste er einfach reden, war er entschlossen zu reden, davon ließ er sich durch nichts abhalten, und ich konnte von Glück sagen, wenn ich ihn nach anderthalb Stunden oder zwei oder gar drei Stunden wieder draußen hatte. Er saß auf der Kante eines alten Drehstuhls in einer Ecke meines Büros, seine Mappe auf dem Schoß, seine Kleider stanken nach den Ausräucher- und Desinfektionsmitteln, die in den Absteigen verwendet wurden, seine Augen waren wässrig, er zuckte und kratzte sich, war am Rand der Hysterie, und er redete und redete und redete. Sein Thema war immer dasselbe – er. Und ich saß da und hörte ihm zu und versuchte, so gut ich konnte, Interesse an dem, was er sagte, zu zeigen, und allmählich wurden meine Augen glasig, mein Blut wurde wässrig, und eine Art Lähmung setzte ein. Damals war ich noch jung und älteren Leuten gegenüber viel höflicher – eigentlich allen gegenüber, wenn ich es mir jetzt überlege –, als nötig gewesen wäre. Auch hatte ich noch nicht das Wesen der Zeit begriffen; ich hing noch der Illusion nach, ich hätte jede Menge Zeit – Zeit für dies, Zeit für jenes, Zeit für alles, Zeit zum Vertrödeln.

Ich hoffte noch immer, Gould würde sich irgendwann ausreden, doch die Monate vergingen, und es waren keinerlei Anzeichen davon zu erkennen. Er kam weiterhin so oft wie eh und je. An einem Nachmittag im August wurde mir bei einem seiner Besuche plötzlich bestürzend klar, dass ihm dieses Reden immer wichtiger wurde statt immer weniger wichtig. Nach einigem Überlegen erkannte ich, warum das so war. Es hatte kaum etwas mit meiner Person zu tun. Ich glaube auch gar nicht, dass Gould mich besonders mochte. Einmal sagte er, er könne Südstaatler nicht ausstehen und dass ich da keine Ausnahme sei, und obwohl er betrunken war, als er es sagte, und sich später dafür entschuldigte, meinte er es wahrscheinlich mindestens so sehr, wie er es nicht meinte. Wahrscheinlich wusste ich einfach dadurch, dass ich ihm bei den langen Sitzungen während meiner Arbeit an dem Porträt immer zuhörte und auch später noch, wenn er kam und unbedingt reden wollte, mehr von seiner Vergangenheit als jeder andere in der Stadt und vielleicht mehr als jeder andere auf der Welt, wodurch ich zu einer Art Ersatzverwandter oder ehemaliger Norwooder geworden war. Trotz unseres Altersunterschiedes schien es, wenn er mit mir redete, als redete er mit einem, der ihn schon sein ganzes Leben lang kannte. Redete er beispielsweise von seinem Onkel Oscar, dann wusste er, dass ich wusste, dass er den Bruder seiner Mutter meinte, den seine Mutter verehrte, und er wusste, dass ich wusste, was sein Vater von Oscar Vroom und was Oscar Vroom von seinem Vater hielt. Erwähnte er Leute, die er während seiner

Jugendzeit in Norwood gekannt hatte, etwa Mrs Betty Allsopp, dann wusste er, dass ich wusste, welche Rolle sie in seinem Leben gespielt hatten. (Er glaubte Mrs Allsopp sei verantwortlich dafür, dass er solche Probleme mit seinen Zähnen hatte und schon vor seinem dreißigsten Lebensjahr ein Gebiss brauchte. Mrs Allsopp war eine Freundin der Familie und wohnte im Haus gegenüber. Sie war Witwe, so alt wie seine Mutter, und sie war klein, zerbrechlich und hübsch. An einem heißen Sommertag, er war vierzehn, lud sie ihn in ihre Küche auf ein Glas Limonade ein, und er versuchte, ihr das Kleid hochzuschieben, worauf sie ihn, ihm zufolge, so sehr schlug, dass sie die Nerven von acht seiner Zähne abtötete – vier oben und vier unten – und damit seine Beißfähigkeit ruinierte.) Erwähnte er den Bigelow Block, den Folan Block oder den Sanborn Block, wusste er, dass ich wusste, dass er damit sehr auffällige Geschäfts- und Bürogebäude in Norwood meinte, und auch, dass ich mir der emotionalen Wirkung, die deren Namen für ihn hatten, wohl bewusst war. Sprach er von Ed Goodbird oder Water Chief oder Ashkob-dip, dann wusste er, dass ich wusste, dass er von alten Indianern sprach, die er in North-Dakota kannte, und er wusste, dass ich wusste, wie sehr er jeden Einzelnen von ihnen bewunderte und warum. Während seiner Jahre im Village war er einer ganzen Reihe weiblicher Bohemiens nachgestiegen, die zumeist Möchtegern-Dichterinnen oder -Malerinnen waren, und viele waren auch Alkoholikerinnen oder extreme Exzentrikerinnen gewesen und teilweise in Nervenkliniken gelandet, und wenn deren

Namen im Gespräch auftauchten, wusste er, dass ich wusste, welche sich auf ihn eingelassen hatten und welche nicht und welche sich nicht nur nicht auf ihn eingelassen, sondern sich sogar bei der Polizei über ihn beschwert hatten. Vielen im Village hatte er insgeheim Spitznamen gegeben, und wenn er von Spucker oder Fünfcent-Grapscher oder Alte Tante Base kleine Schwester Susy Belle Susy Sue sprach, wusste er, dass ich wusste, wen er meinte. Indem ich so viel von seiner Vergangenheit wusste, war ich tatsächlich, wie ich merkte, ein Teil seiner Vergangenheit geworden. Indem er mit mir redete, konnte er seine Vergangenheit hervorholen, konnte sie am Leben halten. Ich merkte auch, dass ich, je mehr er mir von seiner Vergangenheit erzählte, desto mehr auch über seine Vergangenheit wusste, das war zwangsläufig so, und je mehr ich von seiner Vergangenheit wusste, desto wichtiger wurde es auch für ihn, mit mir zu reden. Das machte mir Angst, und ich machte mich bewusst daran, ihn mir so bald wie möglich vom Hals zu schaffen und, wenn nötig, jemand anderem aufzuladen.

Das Beste war, sagte ich mir, einen Lektor oder Verleger für die Erzählte Geschichte zu interessieren. Gould hatte mir einmal gesagt, er habe ganze Ladungen der Erzählten Geschichte in vierzehn Verlage getragen und wieder heraus und es dann aufgegeben, einen dafür zu finden. »Die eine Hälfte fand es obszön und empörend und ich sollte so schnell wie möglich damit verschwinden«, sagte er, »die anderen meinten, sie könnten meine Schrift nicht lesen.« Mir kam der Gedanke, dass sich Maxwell Perkins, ein Lektor bei Scribner's, der schon mit Thomas Wolfe gearbeitet hatte, eventuell für Gould interessieren könnte, und rief ihn als Ersten an. Seine Sekretärin sagte, er sei verreist. Ich erzählte ihr ein bisschen von Gould und fragte sie, ob sie meine, Mr Perkins wolle sich einmal mit ihm unterhalten. »Nein«, sagte sie, »glaube ich nicht.« »Warum nicht?« fragte ich. »Mr Gould war schon einmal hier«, sagte sie. »Erst vor kurzem tauchte er aus heiterem Himmel auf und wollte unbedingt Mr Perkins sprechen. Ich sprach mit ihm, worauf er mir zwei völlig verdreckte Hefte gab, die ich Mr Perkins geben sollte und die jeweils ein Manuskriptkapitel seiner Geschichte enthielten. Offenbar glaubte er, auf deren Grundlage einen hohen Vorschuss von Mr Perkins zu bekommen. Ich verbrachte fast den ganzen nächsten Tag damit, seine Schrift zu entziffern und die Kapitel für Mr Perkins abzuschreiben, damit er sie lesen konnte. Ein Kapitel handelte vom Tod seines Vaters, wobei er sich darin allerdings über die gesamte westliche Hemisphäre ausließ, das andere war etwas über Indianer. Mr Perkins las es und war nicht weiter beeindruckt. Ein paar Tage später kam Mr Gould wieder, und Mr Perkins unterhielt sich mit ihm und sagte ihm, er könne ihm leider keinen Vorschuss anbieten, worauf Mr Gould recht schwierig wurde. Ich glaube nicht, dass Mr Perkins große Lust hat, ihn noch einmal zu sehen.«

Ein Freund von mir namens John Woodburn war Lektor bei Harcourt, Brace; ihn rief ich als Nächsten an. Woodburn meinte, er habe schon einige Male daran gedacht, dass sich aus einer repräsentativen Auswahl von Kapiteln der Erzählten Geschichte eventuell ein Buch machen ließe und dass er sich sehr gern einmal mit Gould unterhalten würde, im Moment aber zu beschäftigt sei. Er arbeite gerade Tag und Nacht mit einem Schriftsteller an einem Manuskript, und der reise bald nach Europa ab, sagte er, und er selbst solle eigentlich in ein paar Tagen eine Geschäftsreise machen. Dann sagte er plötzlich ganz impulsiv, er wolle Gould sprechen. »Sagen Sie ihm, er soll morgen Mittag kommen«, sagte er. »Ich habe da einen Termin zum Mittagessen, auf den ich mich eigentlich gefreut habe, aber den sage ich ab und lasse mir ein paar Sandwichs bringen, dann können wir wenigstens eine halbe Stunde reden. Ich würde ihm gern ein paar Fragen über die Erzählte Geschichte stellen – man weiß ja nie, vielleicht wird ja was draus.« Abends rief ich Gould dann in der Minetta an und erzählte ihm von der Verabredung. Er wollte wissen, ob ich wisse, wie man es bei Harcourt, Brace mit der Verrechnung von Vorschüssen mit den Autorenhonoraren halte, und wenn ja, wie viel Vorschuss er verlangen solle. Weiterhin wollte er wissen, ob ich schon einmal einen Vertrag von Harcourt, Brace gesehen hätte und wenn ja, ob darin festgelegt sei, dass der Gesamtbetrag des Vorschusses bei Unterzeichnung des Vertrages durch Autor und Verlag ausbezahlt werde oder ob darin festgelegt sei, dass nur ein bestimmter Prozentsatz davon bei Vertragsunterzeichnung gezahlt werde und der Rest bei Ablieferung des Manuskripts. Ich bat ihn, mit Woodburn nicht über solche Dinge zu sprechen – dafür sei es viel zu früh –, sondern die Erzählte Geschichte zu beschreiben und Woodburns Fragen zu beantworten. Am Nachmittag darauf rief Woodburn mich an. Er tobte. Gould war nicht erschienen. Am Abend ging ich dann in die Minetta und fragte Gould, was los gewesen sei. Er sagte, er sei in eine Buchhandlung gegangen, habe sich ein paar Bücher von Harcourt, Brace angesehen und sei zu dem Schluss gekommen, Harcourt, Brace sei nicht der geeignete Verlag für die Erzählte Geschichte, worauf er beschlossen habe, den Termin nicht einzuhalten. Er sagte »geeignet«, womit er ausdrücklich unterstellte, Harcourt, Brace sei für die Erzählte Geschichte nicht gut genug. »Herrgott noch mal, Mr Gould«, sagte ich. »Harcourt, Brace ist einer der besten Verlage des Landes, das wissen Sie doch ganz genau.«

Ich hatte noch einen Freund im Verlagsgeschäft, Charles A. Pearce von Duell, Sloan & Pearce, und einige Tage später rief ich ihn an und besprach die Angelegenheit mit ihm. Es stellte sich heraus, dass auch er schon die Möglichkeit, eine Auswahl der Erzählten Geschichte zu bringen, erwogen hatte. »Ich würde mich mal gern mit Gould unterhalten und die Sache ausloten«, sagte Pearce, »aber ich möchte keinen Termin mit ihm machen. Wenn er den Termin mit Woodburn nicht eingehalten hat, dann macht er es sehr wahrscheinlich auch so mit mir. Auch würde ich mich lieber zwanglos mit ihm unterhalten, damit er nicht gleich an Vorschüsse, Tantiemen, Filmrechte, nordamerikanische Serienrechte, weltweite Übersetzungsrechte und so weiter denkt. Und überhaupt, wofür hält der sich eigentlich – Mary Roberts Rinehart? Angenommen, wir machen es so. Mein Büro ist nur ein paar Minuten von deinem entfernt. Wenn er das nächste Mal kommt und sich hinsetzt und es so aussieht, als würde er eine Weile bleiben, dann ruf mich doch einfach an, und ich komme mit dem Taxi. Ich tue so, als wäre ich gerade zufällig vorbeigekommen.« Damals war Pearces Verlag in der Madison Avenue 270, also Madison Avenue Ecke Thirty-ninth Street, er war daher nur vier Blocks längs und anderthalb quer entfernt. Am Nachmittag des 3. September 1943, es war ein Freitag, tauchte Gould bei mir auf. Er sagte, er habe seinen Füller verloren, und bat mich um eine Spende für den Joe-Gould-Fonds, damit er sich einen neuen kaufen könne. Auch brauche er neue Aufsatzhefte. Dann setzte er sich auf den Drehstuhl und fing an zu reden. Er hatte einen Kater, aber es schien nicht besonders schlimm zu sein, das heißt, er war übermäßig gesprächig, aber nicht übermäßig wirr. Ich entschuldigte mich, ging ins Büro nebenan und rief Pearce an. Zwanzig Minuten später steckte Pearce den Kopf zur Tür herein und sagte, er sei gerade in der Gegend und habe gedacht, er schaue mal vorbei. »Komm doch rein«, sagte ich und stellte ihm Gould vor.

Pearce und Gould redeten ein paar Minuten über einen Village-Dichter, den sie beide kannten, dann sagte Pearce, er habe von der Erzählten Geschichte gehört und würde gern etwas davon lesen.

»Etwas davon!«, sagte Gould. »Jeder will immer nur ›etwas davon‹ lesen. Niemand will sie einfach nur lesen.

Von nun an lasse ich gar niemanden etwas davon lesen. Entweder alles oder gar nichts.«

»Na gut«, sagte Pearce, »dazu bin ich bereit. Es wird dann wohl einige Zeit dauern, aber wenn Sie sie mir ins Büro bringen oder mir sagen, wo ich sie abholen soll, fange ich noch heute oder morgen damit an.«

»Sie ist viel zu sperrig«, sagte Gould.

»Dann bringen Sie mir immer nur einen Teil«, sagte Pearce. »Wenn ich einen Schwung fertig gelesen habe, gebe ich Ihnen Bescheid, und Sie können mir den nächsten bringen. So habe ich es oft mit Autoren dicker Bücher gehalten.«

»Sie befindet sich an einem Ort auf Long Island, der schwer erreichbar ist«, sagte Gould.

»Wir könnten bei Carey's Limousine-Service beim Grand Central einen Wagen mieten«, sagte Pearce, »und hinfahren und sie holen. Wenn Sie jetzt nichts weiter vorhaben, könnten wir es auch gleich tun.«

»Ich möchte sie nicht nach New York holen«, sagte Gould. »Ich glaube, hier wäre sie nicht sicher. Ich finde, hier ist überhaupt nichts sicher. Ich erwarte jeden Tag, dass der ganze Laden hier in Flammen aufgeht.«

»Wir haben im Verlag feuersichere Schränke, in denen wir unsere Manuskripte lagern«, sagte Pearce, »in einen könnten wir Ihr Manuskript legen. Und für unsere Verträge und die anderen wichtigen Dokumente haben wir einen großen feuersicheren Safe, da könnten Sie sie auch hineintun.«

»Und wozu?«, sagte Gould. »Womöglich könnten Sie meine Schrift gar nicht lesen.«

»Das wäre kein Problem«, sagte Pearce. »Wir haben eine Sekretärin, die ist ein Genie im Entziffern schwer leserlicher Schriften. Darauf ist sie ziemlich stolz. Sie könnten einen Tag oder auch zwei kommen, sich neben sie setzen und ihr helfen, bis sie den Dreh raus hat, dann könnte sie ein paar Kapitel aus unterschiedlichen Abschnitten abtippen, und vielleicht könnten wir dann einen Auswahlband der Erzählten Geschichte herausbringen.«

»O nein!«, sagte Gould. »Auf gar keinen Fall! Sie muss als Ganzes erscheinen. Ganz oder gar nicht.«

»Tja, also«, sagte Pearce, »wenn ich sie nicht lesen darf – und das scheinen Sie ja offensichtlich nicht zu wollen –, wie soll ich dann sagen, ob eine Gesamtveröffentlichung machbar ist?«

Gould holte tief Luft. »In Gedanken war ich immer davon ausgegangen, dass die Erzählte Geschichte posthum erscheinen soll«, sagte er, »und dabei bleibt es auch.« Er zögerte einen Augenblick. »Darin sind Enthüllungen enthalten«, fuhr er fort, »die die Welt erst nach meinem Tod erfahren soll.«

Darauf wusste Pearce nichts mehr zu sagen. Sie redeten noch eine Weile über Dinge, die mit der Erzählten Geschichte nichts zu tun hatten, dann sagte er, jetzt müsse er aber los.

»Sollten Sie es sich noch anders überlegen«, sagte er zu Gould, »rufen Sie mich bitte an.«

Gould starrte ihn missmutig an und sagte nichts. Ich war wütend. Kaum war Pearce aus dem Zimmer, fuhr ich Gould an: »Sie haben mir erzählt, Sie hätten ganze

Ladungen der Erzählten Geschichte in vierzehn Verlage geschleppt und wieder heraus«, sagte ich. »Warum zum Teufel haben Sie das getan und diese ganzen Umstände gemacht, wenn Sie in Gedanken immer davon ausgegangen sind, dass sie posthum erscheinen soll? Allmählich glaube ich«, fuhr ich fort, »dass es die Erzählte Geschichte gar nicht gibt.« Diese Bemerkung kam aus meinem Unterbewusstsein, und ich war mir der Bedeutung dessen, was ich da sagte, kaum bewusst – ich wollte nur meinen Ärger loswerden –, doch im nächsten Augenblick, als ich Gould ins Gesicht starrte, war mir so klar wie nur irgendetwas, dass ich ganz zufällig auf die Wahrheit über die Erzählte Geschichte gestoßen war.

»Mein Gott!«, sagte ich. »Es gibt sie wirklich nicht.« Ich war entsetzt. »Eine Erzählte Geschichte gibt es gar nicht«, sagte ich. »Es gibt sie einfach nicht.«

Ich starrte Gould an, und Gould starrte mich an. Sein Gesicht war ohne jeden Ausdruck.

»Die Frau mit der Hühner- und Entenfarm gibt es nicht«, sagte ich. »Und ihren Bruder, der den Schlaganfall hatte, auch nicht. Und ihre Nichte gibt es nicht. Und den polnischen Bauern und seine Frau, die sich um die Enten und Hühner kümmern, gibt es auch nicht. Und die Hühner und Enten gibt es nicht. Und den Keller, in dem die Erzählte Geschichte lagert, gibt es nicht. Und die Erzählte Geschichte gibt es nicht.«

Gould stand auf, trat ans Fenster und sah hinaus. »Vermutlich gibt es sie in Ihrem Kopf«, sagte ich, während ich mich ein wenig von meiner Überraschung erholte, »aber Sie waren immer zu faul, sie aufzuschreiben. Das Einzige, was es gibt, sind diese so genannten Essay-Kapitel. Das haben Sie die ganzen Jahre über gemacht – neue Versionen der Kapitel über den Tod Ihres Vaters und den Tod Ihrer Mutter und die fürchterliche Tomatensucht und die Indianer in North-Dakota und vielleicht noch ein, zwei Dutzend andere geschrieben und sie korrigiert und überarbeitet und zerrissen und wieder von vorn angefangen.«

Gould drehte sich um, sah mich an und sagte etwas, doch seine Stimme war leise und undeutlich. Wenn ich ihn richtig verstanden hatte – und ich habe mich das oft gefragt –, sagte er: »Das ist keine Frage von Faulheit.« Dann entschied er sich offenbar, nichts mehr zu sagen, und drehte mir wieder den Rücken zu.

In dem Augenblick klopfte ein Redakteur und kam mit den Fahnen eines Artikels von mir herein. Er sagte, an einem Artikel, der für die nächste Ausgabe geplant gewesen sei, müssten noch Änderungen vorgenommen werden, und da möglicherweise die Zeit dafür nicht ausreiche, habe man vorsichtshalber meinen als Ersatz eingeplant, deshalb wolle er jetzt die Fahnen mit mir durchgehen.

»Muss das jetzt gleich sein?«, fragte ich.

»Na, das kannst du dir ja wohl denken«, sagte er ziemlich scharf, »es ist ganz schön eilig.«

Ich sah ein, dass die Sache keinen Aufschub duldete, und fragte Gould, ob es ihm etwas ausmache, im Empfangszimmer zu warten, bis ich damit fertig sei. Er nahm seine Mappe, ging zur Tür und blieb noch einmal stehen. »Nein«, sagte er, »ich glaube, ich warte nicht. Ich glaube, ich gehe wieder ins Village. Ich bin heute sowieso nur gekommen, um Sie um eine Spende zu bitten.« Ich sagte, ich werde ihm die Spende geben, dass ich ihm aber vorher ein paar Fragen zur Erzählten Geschichte stellen wolle und dass ich hoffte, er werde warten. Er murmelte etwas und machte sich dann auf den Weg zum Empfangszimmer.

Das mit den Fahnen dauerte etwa eine halbe Stunde. Kaum war ich damit durch, ging ich zum Empfangszimmer. Gould war nicht da. Die Frau am Empfang meinte, er habe ungefähr fünf Minuten da gesessen und sei dann gegangen, ohne ein Wort zu sagen. Auch gut, dachte ich, jetzt habe ich ihn vom Hals. Weiß Gott, dass es auf diese Weise geschah, habe ich nicht gewollt, aber wahrscheinlich habe ich ihn jetzt endgültig vom Hals.

Ich ging wieder in mein Büro, setzte mich, stützte die Ellbogen auf den Schreibtisch und den Kopf auf die Hände. Es war mir immer sehr unangenehm, wenn jemand bloßgestellt oder blamiert, bei einer Lüge erwischt oder auf frischer Tat ertappt wurde, und während ich nun Zeit hatte, darüber nachzudenken, schämte ich mich dafür, wie ich die Beherrschung verloren hatte und über Gould hergefallen war. Meine Wut legte sich zusehends, und ich wurde deprimiert. Gould hatte mich getäuscht – ich glaubte, daran bestand kein Zweifel – und über die Jahre zahllose andere auch. Er hatte mich hinters Licht geführt, so wie zahllose andere auch. Doch schon nach kurzem Nachdenken über diese Sache kam ich zu dem Schluss, dass sein Gerede all die

Jahre über die Erzählte Geschichte, seine großen Sprüche über deren Länge und Masse und Bedeutung für die Nachwelt und seine Vergleiche mit Werken wie »Die Geschichte des Verfalls und Untergangs des Römischen Reiches« nicht nur dazu gedient hatten, Leuten wie mir etwas vorzumachen, sondern auch sich selbst. Er hatte wohl schon vor langer Zeit erkannt, dass er weder die Gabe noch das Talent besaß, vielleicht auch nicht das Selbstvertrauen, den nötigen Fleiß oder die Entschlossenheit, ein so gewaltiges und großes Werk, wie er es sich vorgestellt hatte, zustande zu bringen, und war dann immer wieder bei den so genannten Essay-Kapiteln gelandet. Hatte sie geschrieben und immer wieder aufs Neue umgeschrieben. Und nicht einmal die konnte er fertig stellen, weil er entweder zu faul oder zu perfektionistisch war. Dennoch war es sehr wahrscheinlich, dass er einen Großteil der Zeit in dem vagen, selbstbetrügerischen, selbstbeschützenden Glauben herumlief, dass es die Erzählte Geschichte tatsächlich gab – erzählte Kapitel ebenso wie Essay-Kapitel. Zwar gab es den erzählten Teil nicht so richtig auf Papier, aber er hatte alles im Kopf, und schon bald würde er anfangen, es auch aufzuschreiben.

Ich verstand gut, wie das möglich war, denn es erinnerte mich an den Roman, den ich einmal hatte schreiben wollen. Damals war ich vierundzwanzig und hatte gerade voller Faszination »Ulysses« gelesen. Mein Roman sollte »von« New York handeln. Er sollte auch einen Tag und eine Nacht im Leben eines jungen Reporters in New York beschreiben. Er kommt aus dem

Süden, und die meiste Zeit hat er Heimweh. Er empfindet sich als Exilant. Er ist einmal gläubig gewesen, gläubiger Baptist, doch jetzt glaubt er nicht mehr. Dennoch neigt er weiterhin dazu, Dinge in religiösen Begriffen zu sehen, und oft sieht er die Stadt als eine Art Hölle, eine Gehenna. Er hat sich in eine junge Skandinavierin verliebt, die er in der Stadt kennen gelernt hat, und sie ist so anders als die Mädchen, die er im Süden kannte, dass sie ihm ganz rätselhaft erscheint; das Mädchen und die Stadt vermengen sich in seinem Kopf Er hat einen freien Tag. Er frühstückt in einem Restaurant auf dem Fultoner Fischmarkt und streift dann durch die Teile der Stadt, die er am besten kennt, wobei er immer weiter nach Norden gelangt. Wie er so dahin bummelt, begegnet er immer wieder aufs Neue Männern und Frauen, die für ihn verschiedene Aspekte der Stadt repräsentieren. Er geht die Fulton Street entlang, wandert zwischen den Grabsteinen auf dem St. Paul's-Friedhof umher, geht sodann durch bestimmte Straßen in der Lower East Side, dann im Village, weiter in den Theaterdistrikt und nach Harlem. Spätabends stellt er sich auf der Lenox Street zu einem Grüppchen Männer und Frauen, einige Weiße, einige Neger, die gerade aus einem Nachtclub gekommen sind und in einem Kreis um einen alten schwarzen Straßenprediger herumstehen. Er hatte den alten Mann schon einmal gesehen, wie er auf den Straßen des Theaterdistrikts predigte, hatte ihm aber nicht zugehört. Jetzt aber hört er ihm zu. Der Alte ist weltklug und gebraucht den neuesten New Yorker Slang und bestimmte Schlagwörter, aber ebenso verwendet er auch eine ganze Menge altmodischer Ausdrücke aus dem Süden, wie sie zumeist von der ländlichen Bevölkerung benutzt werden, und da merkt der junge Reporter, dass auch er aus den Südstaaten kommt und, so wie er selbst, vom Land. Seine Predigt ist apokalyptisch. Schreckliche Warnungen und Prophezeiungen sind darin enthalten, auch Zitate aus blutigen alten Baptistenliedern, dazu zahlreiche Bezüge auf biblische Tiere, Früchte und Blumen – auf die wilden Steinböcke und die Granatäpfel im Hohelied und die Lilien auf dem Feld, die nicht arbeiten und auch nicht spinnen. Die alte Schlange kommt darin vor, auch die große Hure Babylon und der brennende Busch. Wie die Baptistenprediger, die der junge Mann in seiner Kindheit gehört und die zu verstehen er sich bemüht hat, sieht der Alte Bedeutungen hinter Bedeutungen, er glaubt es jedenfalls, und versucht, so gut er kann, zu erklären, wofür die Dinge »stehen«. »Granatäpfel haben ungefähr die Größe und Form großer Orangen oder kleiner Grapefruits, nur ist ihre Schale rot«, sagt er, formt die Hände in der Luft zu einer Kugel und spricht mit solcher Genauigkeit, dass klar wird, dass er Granatäpfel schon seit langem aus dem Süden kennt. »Sie sind mit dicken, kleinen Samenkörnern gefüllt, und diese dicken, kleinen Samenkörner sind mit einem Saft gefüllt, der rot ist wie Blut. Wenn sie reif sind, schwellen sie von den saftigen, roten Samenkörnern so sehr an, dass sie aufplatzen und einige der Samenkörner herausquellen. Und nun will ich euch sagen, wofür die Granatäpfel stehen. Sie stehen für die Auferstehung.

Die Auferstehung unseres Herrn und Erlösers Jesus Christus und eure Auferstehung und meine Auferstehung. Auferstehung im Besonderen und Auferstehung im Allgemeinen. Das Osterei steht für die Auferstehung. Ebenso die Eier im Nest des Sperlings oben unter dem Dachvorsprung des Bahnhofs. Ebenso das Ei, das ihr zum Frühstück esst. Ebenso der Kaviar, den die Reichen essen. Ebenso der Alsenrogen.« Der junge Reporter will eigentlich nur ein paar Minuten bleiben, doch die Sprachgewalt des Alten hält ihn fest. Obwohl er glaubt, alles schon hundertmal gehört zu haben, ist er davon gefesselt. Der Alte erinnert ihn an die fundamentalistischen Prediger, die während seiner Jugendzeit sehr mächtig waren und von Stadt zu Stadt zogen und in großen Zelten Erweckungsversammlungen abhielten. Er hatte diese Prediger gehasst und gefürchtet – ihr Ruf gründete auf ihren grauenvollen Beschreibungen der Hölle; je grauenvoller die Beschreibung und je wilder die Predigt, desto besser war der Prediger – aber dennoch hatten sie ihm eine dauerhafte Vorliebe für das Kryptische, das Ambivalente, das Beschwörende, das Losgelöste, das Fantastische, das Orakelhafte und das Apokalyptische eingepflanzt. Er merkt, wie er aus den Sätzen des Alten schiefe Schlüsse zieht, um ihnen einen gewissen Bezug zu seinem eigenen geistigen Zustand zu geben. »Ihr müsst nur«, sagt der Alte, »die Augen öffnen und erleuchtet werden, erleuchtet von dem Licht des heiligen Evangeliums, dann könnt ihr in eine neue Zeit eintreten. Ihr könnt eintreten in sie und darin leben und darin wohnen und darin hausen und euer Sein darin finden. Ihr könnt die drei Zeiten in einer Zeit leben. Zu ein und derselben Zeit könnt ihr, wenn ihr an Ihn glaubt, in der vergangenen Zeit, in der künftigen Zeit und im Jetzt leben, im Hier und Jetzt.« Während der junge Reporter zuhört, dämmert ihm, dass er sich nicht nach dem Süden sehnt, sondern nach der Vergangenheit, der Vergangenheit des Südens und seiner eigenen Vergangenheit, und keine von beiden hat es so, wie er es sich in seinem Heimweh vorgestellt hat, je wirklich gegeben, und dass es nun langsam Zeit wird, dass er aus der vergangenen Zeit herauskommt und in das Hier und Jetzt eintritt – es wird Zeit, dass er erwachsen wird. Als die Predigt zu Ende ist, geht er wieder zurück in die Innenstadt mit dem Gefühl, dass der Alte ihn befreit hat und dass er nun ein Bürger der Stadt und ein Bürger der Welt ist.

Über diesen Roman hatte ich über ein Jahr lang nachgedacht. Immer wenn nichts anderes zu tun war, fing ich automatisch an, ihn im Geist zu schreiben. Manchmal formulierte ich im Kopf während einer U-Bahn-fahrt drei, vier Kapitel. Fast täglich verwarf ich Figuren und erfand neue. In Wahrheit aber schrieb ich nie auch nur ein Wort davon. Die Zeit verging, und ich befasste mich mit anderen Dingen. Dennoch träumte ich noch etliche Jahre tagsüber davon, und in diesen Tagträumen hatte ich ihn zu Ende geschrieben, wurde er veröffentlicht, konnte ich ihn sehen. Ich konnte seine Titelseite sehen. Ich konnte seinen Einband sehen, er war grün mit goldener Schrift. Diese Erinnerungen erfüllten mich mit einer nahezu unerträglichen Verlegenheit, und umso mehr Verständnis empfand nun ich für Gould.

Angenommen, er hatte die Erzählte Geschichte tatsächlich geschrieben, überlegte ich; wahrscheinlich wäre sie gar nicht das große Werk geworden, als das er es auf Schritt und Tritt prophezeite – wo doch große Werke, auch nur halbwegs große Werke, selbst gute Werke und auch nur halbwegs gute Werke äußerst selten sind. Bestenfalls wäre es wohl ein Kuriosum geworden. Wenige Jahre nach seinem Erscheinen wären die Regale mit den Kuriosa in jedem Antiquariat im Land voll davon gewesen. Wie auch immer, ich fand, wenn es etwas gab, was die Menschheit genügend hatte, genügend und im Überfluss, dann waren es Bücher. Wenn ich an die Katarakte von Büchern, die Niagarafälle von Büchern, die reißenden Flüsse von Büchern, die Ozeane von Büchern, die Tonnen und Lastwagenladungen und Zugladungen von Büchern dachte, die in diesem Augenblick aus den Druckpressen der Welt herausquollen, würde es sich nur bei sehr wenigen lohnen, sie in die Hand zu nehmen, anzusehen oder gar, sie zu lesen. Allmählich fand ich es bewundernswert, dass er es *nicht* geschrieben hatte. Ein Buch weniger in der Welt, ein Buch weniger, das Platz beanspruchte und Staub ansetzte und ungelesen aus Buchhandlungen in Häuser und von da in die Antiquariate und Trödelläden und Ramschläden in wieder andere Häuser und wieder andere Antiquariate und Trödelläden und Ramschläden und dann wieder in andere Häuser wandern würde, und das bis in alle Ewigkeit.

Plötzlich fühlte ich echte Hochachtung vor Gould in mir aufwallen. Er hatte es abgelehnt, in Norwood zu bleiben und dort ein Leben als Pee Wee Gould, der Dorftrottel, zu leben. Wenn er schon den Trottel spielen musste, dann auf einer größeren Bühne, vor einem freundlicheren Publikum. Er war ins Greenwich Village gekommen und hatte eine Maske für sich gefunden, und von da an trug er sie. »Der exzentrische Autor eines großen, rätselhaften, unveröffentlichten Buches« – das war seine Maske. Und indem er sich dahinter versteckte, hatte er eine Figur geschaffen, die, wie mir schien, um einiges komplizierter war als die meisten Figuren, die die Schriftsteller und Dramatiker seiner Zeit geschaffen hatten. Ich dachte, wie er sich auf vielerlei Art über die Jahre gesehen hatte, und wie andere ihn gesehen hatten. Da war die Art, wie der Schulleiter in Norwood ihn gesehen hatte – als widerlichen kleinen Mistkerl. Da war die Art, wie Ezra Pound ihn gesehen hatte – als heimischen Hickory. Da war die Art, wie der besserwisserische Village-Radikale ihn gesehen hatte – als reaktionären Parasiten. Es gab ungeheuer viele solche Aspekte, und ich führte sie mir alle nacheinander vor Augen. Er war das katarralische Kind, er war der Sohn, der weiß, dass er seinen Vater enttäuscht hat, er war der Wicht, der Zwerg, der Gnom, der laufende Meter, die Kaulquappe, er war Joe Gould, der Dichter, er war Joe Gould, der Historiker, er war Joe Gould, der wilde Chippewa-Tänzer, er war Joe Gould, die größte Autorität der Welt für die Sprache der Möwen, er war der Verbannte, er stand idealtypisch für den einsamen nächtlichen Wanderer, er war die kleine Ratte, er war das einzige Mitglied der Joe-Gould-Partei, er war der Hausbohemien der Minetta Tavern, er war der Professor, er war die Möwe, er war Professor Möwe, er war der Mungo, er war Professor Mungo, er war der Bellevue Boy.

Ich war noch immer an dieser Liste, als die Frau vom Empfang meine Tür einen Spalt breit öffnete und den Kopf hereinstreckte. »Gerade ist Mr Gould wiedergekommen«, sagte sie. »Er war die ganze Zeit in der Cafeteria unten und hat Kaffee getrunken.«

»Bringen Sie ihn rein«, sagte ich. Doch dann überlegte ich es mir aus irgendeinem Grund – vielleicht wegen meines neuen Respekts vor Gould – anders. »Halt, nein«, sagte ich. »Ich komme mit und hole ihn selber.«

Ich stand auf, doch dabei fiel mir etwas ein, was mich veranlasste, mich wieder zu setzen. Wenn ich Gould, wie ich es vorgehabt hatte, diese Fragen stellen würde, so war mir plötzlich klar, und er rundweg zugab, dass es die Erzählte Geschichte gar nicht gab – dass es sich tatsächlich um eine Ente handelte –, dann könnte ich in die Lage geraten, etwas daraus machen zu müssen. Ich könnte sehr wohl gezwungen sein, ihn zu demaskieren. Dieser Gedanke tat mir weh. Die Erzählte Geschichte war seine Schwimmweste, sie hielt ihn über Wasser, und ich wollte nicht, dass er unterging. Ich wollte ihn nicht verpfeifen. Ich wollte ihm sozusagen nicht seine Essensmarke zerreißen oder seine Reisschale kaputtschlagen. Ich wollte in dieser Angelegenheit keinerlei Standpunkt einnehmen müssen. Er tat niemandem etwas zu Leide. Gut, er lebte auf Kosten seiner Freunde, aber nur von den Brosamen, die von deren Tisch fielen. Vorausgesetzt, er lebte lange genug, konnte er die Erzählte Geschichte noch immer schreiben. Es wäre besser, wenn ich die Sache so lassen würde, wie sie war – in der Schwebe. Das mochte feige sein, und wenn schon. Ich war jetzt dankbar dafür, dass er, als ich über ihn hergefallen war, nichts zugegeben hatte – er hatte weder ja noch nein gesagt, nur, dass es keine Frage von Faulheit gewesen sei. Und kein Gesetz gebot mir, ihm Fragen zu stellen oder zu versuchen, ihn aufs Glatteis zu führen oder festzunageln oder ihm die reine Wahrheit aus der Nase zu ziehen. Angenommen, er stritt alles ab, angenommen, er wandte sich gegen mich und zeigte mich an und überließ es mir, den nächsten Schritt zu tun. Ich mochte mir wohl aller möglichen Dinge ziemlich sicher sein, aber es fiele mir verdammt schwer, sie auch zu beweisen. Während ich mir noch überlegte, was ich tun sollte, kam Gould hereinmarschiert, ohne vorher angeklopft zu haben.

»Geben Sie mir jetzt die Spende?«, fragte er.

»Ja«, sagte ich.

Ich gab ihm das Geld, das er wollte. Er dankte mir nicht, sondern sagte, was er immer sagte, wenn jemand ihm eine Spende für den Joe-Gould-Fonds gegeben hatte – »Das kommt sehr gelegen.« Dann setzte er sich wieder auf den Drehstuhl und legte die Mappe auf den Boden vor seine Füße. »Sie sagten, Sie wollten mir noch ein paar Fragen stellen«, sagte er.

»Stimmt«, sagte ich, »aber jetzt nicht mehr. Es gab da

noch ein paar Sachen, die ich eigentlich wissen wollte, aber das ist jetzt doch nicht nötig. Vergessen wir's einfach.«

Erleichterung zeichnete sich auf Goulds Gesicht ab. Doch zu meiner Überraschung sah er, da er spürte, dass ich nicht weiter in die Sache dringen wollte, auch enttäuscht aus. Ich erkannte an seinem Gesichtsausdruck, dass er sich mir sehr gern anvertraut hätte – es war jener halb edle, halb alberne Ausdruck, den Leute aufsetzen, wenn sie sich entschlossen haben, ihr Herz auszuschütten –, und erneut änderte sich meine Haltung ihm gegenüber. Er widerte mich an. Ich tat, was ich konnte, damit er seine Maske aufbehalten konnte, und er tat, was er konnte, sie sich herunterzureißen. »Meine Güte noch mal«, hätte ich am liebsten zu ihm gesagt, »verlieren Sie jetzt bloß nicht die Nerven und fangen an zu gestehen und anzuvertrauen. Wenn Sie sich nun schon so lange verstellt haben, dann ist es das Gescheiteste, Sie verstellen sich einfach weiter, solange Sie leben, egal, was geschieht.« Stattdessen sagte ich: »Bitte verzeihen Sie, aber Sie müssen mich nun wirklich entschuldigen. Es ist schon spät, und ich habe noch einiges zu erledigen.«

Das gab ihm das Recht, eingeschnappt zu sein. »Ach«, sagte er, »ich kann sehr wohl gehen. Ich hätte schon vor Stunden gehen können, aber Sie haben mich aufgehalten. Schließlich habe auch ich noch einiges zu erledigen.«

Er hob seine Mappe auf und ging hinaus, ohne auf Wiedersehen zu sagen.

Eine ganze Weile danach misstraute Gould mir. Er kam mich weiter besuchen, aber nicht annähernd sooft wie zuvor und nie, um nur zu reden. Er kam nur, wenn er eine Spende für den Joe-Gould-Fonds wollte und vermutlich auch dann nur, wenn er völlig abgebrannt war und keinen seiner alten sicheren Kandidaten mehr anpumpen konnte. Er kam herein, bat in so wenigen Worten wie nur möglich um das, was er wollte, bekam es oder einen Teil davon, stand dann noch ein paar Minuten linkisch herum und eilte wieder davon. Zwar behielt er den *New Yorker* als seine Postadresse, doch bat er nicht mehr um seine Briefe, kaum dass er im Zimmer war, sondern wartete ab, bis ich sie ihm gab, um seine Würde zu bewahren. In der Hoffnung, ihm die Sache ein wenig zu erleichtern, leitete ich ihm seine Briefe ins Minetta weiter. Gelegentlich jedoch wartete ich, bis sich ein paar Briefe angesammelt hatten, ging dann damit ins Minetta und brachte sie ihm; was eher ein Vorwand war, um zu sehen, wie es ihm ging. Die ersten Male tat ich, als wäre nichts geschehen, und setzte mich wie immer zu ihm an den Tisch, egal, ob er allein war oder noch andere dabei saßen, doch ich merkte schnell, dass er unruhig wurde, wenn auch noch andere da waren. Fragte ihn jemand nach der Erzählten Geschichte oder wurde sie auch nur in der Unterhaltung erwähnt, warf er mir unbehagliche Blicke zu und versuchte, das Thema zu wechseln. Wahrscheinlich fürchtete er, ich könnte jeden Moment aufstehen und kundtun, dass es so etwas wie die Erzählte Geschichte gar nicht gab, dass alles Einbildung und Lüge sei. Ich machte ihn befangen; ich war ihm im Weg; ich hemmte ihn. Von da an setzte ich mich nur noch zu ihm, wenn sonst niemand da war. Setzten sich andere dazu, schaute ich auf die Uhr, tat, als wäre ich überrascht, wie spät es schon war, und ging. Eines Abends war Gould dann plötzlich wieder wie früher. Ich saß gerade bei ihm am Tisch, als zwei Touristen, ein Mann und seine Frau, von der Bar herüberkamen und ihn nach der Erzählten Geschichte fragten. Ohne mir einen Blick zuzuwerfen und ohne zu zögern, begann er, ihnen die Erzählte Geschichte zu beschreiben und sich sofort mit Gibbon zu vergleichen – und er sprach von der, wie er es nannte, »glücklichen Unmittelbarkeit« seiner Lage bezüglich New Yorks im Gegensatz zu der, wie er es nannte, »unglücklichen Ferne« Gibbons bezüglich des Römischen Reichs. Ich war zutiefst erleichtert, ihn so reden zu hören, nicht nur, weil ich sah, dass er sein Misstrauen mir gegenüber überwunden hatte, sondern auch, dass seine Maske wieder fest saß. Er war wie ein alter Betrüger, der eine Pechsträhne gehabt hatte, aber dennoch froh und heiter war. Er ging auf in seiner Nummer. Vor meinen Augen verwandelte er sich von einem heruntergekommenen, kleinen, rotäugigen Kneipenhocker in einen glanzvollen Historiker. Und das Höchste, das er von den Touristen erwarten konnte, waren ein paar Bier und den einen oder anderen Dollar.

Im Frühling des folgenden Jahres – 1944 – setzte eine Zufallsbegegnung Goulds mit einer alten Bekannten einige Dinge in Bewegung, die ihm das Leben eine Zeit lang erleichterten. Eines Morgens Anfang Mai verließ er gegen acht Uhr das Hotel Defender in der Bowery 300, wo er die Nacht verbracht hatte, und machte sich auf seine tägliche Runde, um Spenden für den Joe-Gould-Fonds zu sammeln. Er hatte Hunger, einen Kater, eine schlimme Bindehautentzündung und war stark erkältet. Er hatte vor, zunächst zum U-Bahnhof am Sheridan Square zu gehen, sich dort eine Stunde am nördlichen Eingang hinzustellen und Freunden und Bekannten auf dem Weg zur Arbeit aufzulauern. Unterwegs setzte er sich, um sich ein wenig zu sammeln, auf die Stufen eines Mietshauses in der Bleecker Street, vor dem ein paar Straßenhändler mit ihren Karren standen. Er warf den Kopf zurück und wollte sich gerade Tropfen in die Augen träufeln, als eine Frau namens Mrs Sarah Ostrowsky Berman, die aus ihrer Wohnung am Union Square zu den Karren gekommen war, um ein paar *cipollini,* kleine, süße italienische Zwiebeln, zu kaufen, ihn sah, sogleich zu ihm hinging und sich neben ihn setzte. Mrs Berman war die Frau des jiddischen Dichters Levi Berman, sie selbst war Malerin. Sie war als Mädchen aus Russland gekommen und hatte sich, während sie sich als Näherin in einem Ausbeuterbetrieb über Wasser hielt, selbst das Malen beigebracht. Ihre Bilder waren zwar etwas unbeholfen, aber sie waren fantasievoll und hatten etwas Halluzinatorisches, und viele in der Welt der Kunst hatten sie bewundert und hoch gelobt. Sie war eine sanfte, zurückhaltende Frau, etwas weltfremd, sehr mütterlich, aber kinderlos. Ende der zwanziger und Anfang der dreißiger Jahre war sie Gould häufig auf Partys im Village begegnet und hatte sich öfters des Längeren mit ihm unterhalten, doch nun hatte sie ihn jahrelang nicht mehr gesehen und war schockiert darüber, wie sehr er sich verändert hatte. Sie fragte ihn, wie er mit der Erzählten Geschichte vorankomme, worauf er stöhnte, den Kopf schüttelte und andeutete, er habe gerade nicht genügend Kraft, um über die Erzählte Geschichte zu sprechen. Sie fragte ihn, wie es ihm gesundheitlich gehe, worauf er die Hosenbeine hochzog und ihr einige wunde Stellen zeigte, die unlängst auf seinen Beinen erschienen waren. Mrs Berman winkte ein Taxi heran und brachte ihn in ihre Wohnung. Sie machte ihm Frühstück. Sie wusch ihm Füße und Beine und trug eine Salbe auf seine wunden Stellen auf. Sie gab ihm saubere Strümpfe und ein Paar alte Schuhe von ihrem Mann. Sie gab ihm etwas Geld. Nachdem er dann wieder gegangen war, setzte sie sich hin und machte eine Liste aller Leute, von denen sie wusste, dass sie Gould früher gekannt hatten, darunter einige, die in andere Teile des Landes oder nach Europa gezogen waren, und verbrachte den Rest des Tages damit, ihnen leidenschaftliche Briefe zu schreiben.

»Joe Gould ist in einer schlechten Verfassung«, schrieb sie in einem dieser Briefe. »Er verschwendet die Zeit und Kraft, die er in seine Erzählte Geschichte stecken sollte, damit, in der Stadt herumzulaufen und genügend Kleingeld für das Notwendigste zusammenzubekommen, und das bringt ihn um. Ich habe immer geglaubt, dass das Unterbewusstsein der Stadt möglicherweise versucht, durch Joe Gould zu uns zu sprechen. Und dass die Menschen, die in dieser Stadt in den Untergrund gegangen sind, vielleicht durch ihn zu uns sprechen wollen. Menschen, die von Anfang an nirgendwo hingehört haben. Menschen, die in diesen schrecklichen Bars sitzen. Arme alte Männer und Frauen, die auf Parkbänken sitzen, verletzt, verbittert, verrückt – diejenigen, die nie ihren Anteil bekommen haben, die immer übergangen, die nie gefragt worden sind. Die dort sitzen und davon träumen, jeden umzubringen, der vorbeigeht, sogar kleine Kinder. Doch es besteht die große Gefahr, dass Joe Gould die Erzählte Geschichte nie zu Ende bringen wird und dass jene anonymen Stimmen nie zu uns sprechen können. Es muss sofort etwas für ihn getan werden. Wenn nicht, dann werden er und somit ein Teil von uns eines baldigen Morgens tot auf der Bowery gefunden werden ...«

Zu denen, an die Mrs Berman schrieb, gehörten zwei alte Freunde von ihr, die einmal miteinander verheiratet gewesen und nun geschieden waren – Erika Feist und John Rothschild. Miss Feist war gebürtige Deutsche, Anfang der zwanziger Jahre ins Land gekommen und Malerin geworden. Rothschild, der aus Neuengland stammte, hatte in Harvard eine Zeit lang mit Malcolm Cowley zusammengewohnt und Gould kurz nach seiner Ankunft in New York, wo er sich niederlassen wollte, auf einer Party im Village kennen gelernt und seitdem immer für den Joe-Gould-Fonds gespendet. Er war Chef eines Reisebüros namens The Open Road. Ungefähr eine Woche später erreichte Mrs Berman eines Abends ein Ferngespräch von Miss Feist, die nach ihrer Scheidung von ihrem Atelier im Village auf eine Farm in Bucks County, Pennsylvania, gezogen war. Miss Feist sagte, sie habe während ihrer Ehe mit Rothschild eine alte Freundin von ihm kennen und schätzen gelernt, eine sehr zurückgezogene und viel beschäftigte Frau, die einer reichen Familie im Mittleren Westen angehörte, ein Vermögen geerbt hatte und manchmal anonym Künstlern und Intellektuellen in Not helfe, und mit dieser Frau habe sie über Gould gesprochen. Unabhängig von ihr, sagte sie, habe auch Rothschild mit dieser Frau über Gould gesprochen. Miss Feist sagte, die Frau habe eingewilligt, Gould mit sechzig Dollar pro Monat zu unterstützen. Es gebe aber zwei Bedingungen. Erstens dürfe man Gould nie sagen, wer die Frau sei, und auch nichts, was ihn in die Lage versetzen könnte, herauszufinden, wer sie sei. Zweitens müsse eine diskrete und verantwortungsbewusste Person in New York, die Gould kenne, die Schecks der Frau in Empfang nehmen – sie kämen einmal im Monat – und das Geld ausbezahlen, es Gould in wöchentlichen Raten geben und zusehen, dass er es für Unterkunft und Verpflegung und nicht für Alkohol ausgebe. Es müsse jemand sein, den Gould respektiere und auf den er höre. Als Mrs Berman das hörte, sagte sie: »Jemand wie Vivian Marquié«, worauf Miss Feist sagte: »Ja, genau.« Mrs Vivian Marquié war eine alte Freundin von Gould und Besitzerin einer Kunstgalerie in der Fifty-seventh Street namens Marquié Gallery. Als junge Frau war sie Sozialarbeiterin gewesen und hatte im Village gelebt.

Sie hatte Gould 1925 oder 1926 auf einer Party kennen gelernt und ihm seither immer geholfen. In den letzten Jahren hatte sie ihm die meisten seiner Kleider zukommen lassen; sie kannte mehrere Männer, die eine ähnliche Größe wie er hatten, und die bat sie immer wieder um Kleidung, und ab und zu gaben sie ihr einen alten Anzug oder ein abgelegtes Hemd für ihn. Ein paar Mal die Woche ging er in ihre Galerie, um eine Spende für den Joe-Gould-Fonds abzuholen.

Am folgenden Tag rief Miss Feist Mrs Marquié in ihrer Galerie an und erklärte ihr den Sachverhalt. Mrs Marquié sagte, sie habe sich schon Sorgen um Gould gemacht und werde das Geld gern auszahlen und zusehen, dass es so lange wie möglich reiche. Mrs Marquiés Mädchenname war Ward, sie stammte aus Lawrence auf Long Island. Ihr Mann, Elie-Paul Marquié, war Franzose. Er war Graveur und Kupferstecher, dazu Gourmet und Hobbykoch. Über ihn hatte sie viele Franzosen in der Restaurantbranche kennen gelernt. Einer davon war ein Mann namens Henri Gerard, der drei Pensionen in der West Thirtythird Avenue zwischen Eight und Ninth Avenue hatte, direkt gegenüber dem Hauptpostamt, die zusammen als Maison Gerard bekannt waren. Es waren alte Brownstone-Häuser mit den Nummern 311, 313 und 317. Im Kellergeschoss von Nr. 311 hatte er ein ungewöhnlich preiswertes Restaurant, das ebenfalls Maison Gerard hieß. Mrs Marquié sprach mit Gerard über Gould. Gerard war mit den Problemen von Leuten, die mit sehr wenig Geld auskommen mussten, vertraut; ein Großteil seiner Gäste gehörte in diese Kategorie. Er meinte, für sechzig Dollar könne er Gould ein Zimmer und Verpflegung bieten und auch zusehen, dass noch etwas für Dinge wie Zigaretten und Fahrgeld übrig bliebe. Sein Zimmer würde ihn drei Dollar die Woche kosten, Frühstück könne er für fünfundzwanzig Cent bekommen, Mittagessen für fünfzig, Abendessen ebenfalls für fünfzig Cent. Mrs Marquié sagte zu, Gerard am Ende jeder Woche einen Scheck zu schicken, der Goulds voraussichtliche Ausgaben deckte, und Gerard sagte zu, das, was Gould ihm davon schuldete, abzuziehen und ihm den jeweiligen Rest in bar auszuzahlen. Wenn er ein Essen ausließe, müsste er dafür auch nicht bezahlen. Ließe er auffällig viele Essen aus, würde er Mrs Marquié Bescheid sagen, falls er nur darauf verzichtete, um Geld für Alkohol zu haben. Noch vor Ende der Woche war Gould in einem Zimmer im fünften Stock untergebracht, in der Mansarde von Nr. 313. Zu der Zeit, als Brownstones dieser Art noch Privathäuser waren, waren die Mansardenzimmer Dienstmädchen vorbehalten, und Goulds Zimmer war offensichtlich dasjenige, das üblicherweise vom neuesten, unerfahrensten Mädchen bewohnt worden war. Es lag hinter dem Geländer am Ende des Treppenhauses, hatte statt eines Fensters ein Oberlicht und war gerade groß genug für ein Bett, einen Stuhl, einen Tisch und eine Kommode.

Anfangs fiel es Gould schwer, sich mit dem Leben im Maison Gerard sowie allem, was mit seiner neuen Lebensform zu tun hatte, anzufreunden, denn das Rätsel der Identität seines Gönners trieb ihn um. Er konnte an nichts anderes mehr denken. Eine Zeit lang erschien er wenigstens einmal am Tag in Mrs Marquiés Galerie und stellte ihr scheinbar harmlose Fragen, um sie zu einem Hinweis zu verleiten. Sie bat ihn, das zu lassen, doch er konnte es nicht. Die wahrscheinlichste Spekulation war für ihn die, dass es jemand war, der mit ihm in Harvard studiert hatte, und Mrs Marquié bestärkte ihn in diesem Glauben. Eines Tages dann versprach sie sich und verwendete statt »ein Gönner« das Wort »sie«, und das beflügelte Goulds Fantasie. Zwei Wochen lang verbrachte er jeden Nachmittag damit, die Zeitungsordner in der Public Library nach Informationen über reiche Frauen im Allgemeinen und insbesondere als Förderer der Künste zu durchforsten, doch er fand nichts. Tagelang war er von der Idee besessen, die Frau könnte eine der beiden wohlhabenden unverheirateten Schwestern sein, Cousinen von ihm, die zusammen in Boston lebten. Vor ihnen hatte er sich immer gefürchtet, und seit er sie wenige Jahre nach seinem Abschluss in Harvard vergeblich darum gebeten hatte, ihm Geld zu leihen, um die Indianerreservate in North-Dakota noch einmal besuchen zu können, hatte er sie nicht mehr gesehen und auch nichts mehr von ihnen gehört. Schließlich nahm er allen Mut zusammen und rief sie per R-Gespräch an. Eine von ihnen nahm ab und hörte ihm ungefähr eine Minute lang zu, während er auf umständliche Weise versuchte herauszufinden, was er wissen wollte. Dann unterbrach sie ihn und sagte, sie habe keine Ahnung, worauf er hinaus wolle, aber dass sie es nicht hören wolle, egal, was es sei, und wenn er sie oder ihre Schwester noch einmal anriefe, werde sie ihm die Polizei auf den Hals hetzen. Ein paar Abende später, er lag im Bett und konnte nicht schlafen, erinnerte er sich an eine dem Vernehmen nach sehr reiche ältere Frau, die er einmal auf einer Party am Washington Square kennen gelernt und mit der er sich nett über Edgar Allan Poe unterhalten hatte, und diese Frau, so glaubte er, müsse es sein. Am nächsten Morgen fand er nach einer ganzen Reihe von Telefonaten heraus, dass sie tot war. Als Nächstes setzte er sich in den Kopf, es könnte eine Frau sein, die das Porträt gelesen und sich daraufhin für ihn interessiert habe und dass ich wisse, um wen es sich handele, worauf er zu mir kam und mich um ihren Namen bat. Ihren Namen vielmehr verlangte. Jahre später erfuhr ich durch Zufall, wer die Frau war, und ich suchte sie auf und unterhielt mich mit ihr, doch damals wusste ich es noch nicht und sagte dies Gould auch. Als er ging, war er nicht überzeugt, und wenige Tage später kam er mit einem langen Brief wieder, den er der Frau geschrieben hatte. Der Brief hatte eine Vorrede, die durchgehend in Großbuchstaben geschrieben war und lautete: »EINE RESPEKTVOLLE MITTEILUNG VON JOE GOULD AN SEINE UNBEKANNTE GÖNNERIN (DIE VON DER NACHWELT OB IHRER GROSSMUT DEM AUTOR DER ERZÄHLTEN GESCHICHTE GEGENÜBER GEPRIESEN WERDEN WIRD, OB SIE NUN ANONYM BLEIBEN WILL ODER NICHT), IN DER ER IHR VORSCHLÄGT, SIE MÖGE IHM STATT SECHZIG DOLLAR IM MONAT DIE GESAMTSUMME VON 720 DOLLAR FÜR EIN JAHR GEBEN, WOBEI DAS HAUPTARGUMENT JENES IST,

DASS DIES IHM GESTATTEN WÜRDE, INS AUSLAND ZU GEHEN UND IN FRANKREICH ODER ITALIEN ZU LEBEN, WOBEI DAS GELD MIT EIN WENIG KLUGHEIT, WELCHE ANZUWENDEN ER ABSOLUT BEREIT WÄRE, DOPPELT SO LANGE REICHEN WÜRDE.« Ich hatte den Eindruck, dass Gould den Brief in der Absicht geschrieben hatte, die Frau um jeden Preis zu einer Form von Kommunikation mit ihm zu bewegen, und das beunruhigte mich. Ich drängte ihn, den Brief zu zerreißen und nicht an Gesamtsummen und im Ausland leben und so weiter zu denken, sonst könnte die Frau womöglich heraushören, dass er sich schon beklagte, woraufhin sie verärgert sein und ihre Zuwendungen einstellen könnte. Wenn er sich an die Erzählte Geschichte setze und sie vollende oder wenigstens irgendetwas mit dem Geld bewerkstellige, sagte ich, würde sie sich ihm möglicherweise offenbaren. Er sagte, ich solle ihm keine Ratschläge erteilen, er wisse schon selbst, was er tue. Gleich darauf trat ein schmerzvoller Blick auf sein Gesicht, und er rief aus: »Fast wär's mir lieber, ich wüsste, wer sie ist, als dass ich das Geld hätte!« Nachdem er die Fassung wiedergewonnen hatte, fuhr er fort: »Wie fänden Sie es denn, wenn Sie wüssten, irgendwo auf der Welt ist eine Frau, der Sie so am Herzen liegen, dass sie nicht will, dass Sie verhungern, gleichzeitig aber aus irgendeinem Grund nichts mit Ihnen zu tun haben will und nicht einmal will, dass Sie wissen, wer sie ist?« Er beobachtete mich verschlagen. »Eine Frau, die ein uneheliches Kind bekam, als sie jung war, dessen Vater sie hasste und die es zur Adoption freigab, die könnte sich so verhalten«, sagte er, »wenn sie alt und reich und anständig geworden ist und plötzlich im *New Yorker* ein Porträt liest und erkennt, dass ihr Kind nun ein Mann mittleren Alters ist, der in Armut auf der Bowery lebt.« Er machte eine kurze Pause. »Ich weiß ja, das klingt verrückt«, fuhr er fort, »aber als Junge hatte ich oft Tagträume, ich sei adoptiert, und in letzter Zeit hatte ich diese Tagträume wieder.« Er ließ den Brief auf meinem Schreibtisch liegen und ging, kam ein paar Tage später wieder, nahm ihn mit, ging damit zu Mrs Marquié und bat sie, ihn zu lesen und der Frau zu schicken. Mrs Marquié war immer sehr freundlich zu Gould gewesen, nun aber redete sie einige ernste Worte mit ihm, und das hat ihn wohl wieder zur Vernunft gebracht, denn von da an behielt er seine Neugier bezüglich seiner Gönnerin für sich.

Nicht lange danach stellte Gould seine Besuche in meinem Büro ein (ich leitete die Briefe an ihn nun ins Maison Gerard weiter), und eine Zeit lang hatte ich keinen Kontakt mehr zu ihm. Das letzte Mal sah ich ihn Mitte Juni. Während des nächsten halben Jahres verbrachte ich aus irgendwelchen Gründen mehr Zeit außerhalb New Yorks als in der Stadt, und erst im Dezember sah ich ihn eines Nachmittags wieder. Ich ging gerade am Jefferson Diner vorbei, als ich das gebieterisch hämmernde Geräusch von Metall auf Glas hörte. Ich blickte auf und sah Gould, wie er aus dem Diner zu mir herüberstarrte und mit einer Münze an die Scheibe klopfte, um mich auf sich aufmerksam zu machen. Ich ging hinein und setzte mich zu ihm. »Halten Sie sich fest und fallen Sie mir nicht in Ohnmacht«, sagte er, »ich lade Sie nämlich zu einem Kaffee ein.«

Es war derselbe Tisch, an dem wir gesessen hatten, als wir uns das erste Mal unterhielten. Sein Gesicht und seine Hände waren schmutzig wie immer, doch er hatte eine gesunde Farbe, seine Augen waren klar, und er hatte sogar etwas zugenommen. Wie immer trug er einen Anzug, der ihm ein paar Nummern zu groß war. Es war ein ausrangierter Anzug – ziemlich ramponiert –, doch er hatte einen guten Schnitt und war aus einem teuren, schottisch wirkenden Stoff; es war einmal ein guter Anzug gewesen. Sogar eine Weste war dabei. Er trug einen Hut, der stark zerbeult war und dessen Krempe auf der einen Seite nach oben und auf der anderen nach unten zeigte. Er wirkte außerordentlich verwegen, und fast jeder Villager hätte ihn auf Anhieb erkannt: Es war einer von E. E. Cummings' alten Hüten. Ich sagte zu Gould, er sehe so gut aus wie noch nie, und war überrascht über seine überhebliche Antwort.

»Ach, mir geht's ganz gut«, sagte er und lächelte selbstgefällig. »Sehr gut sogar. Anfangs machte ich mir nicht viel aus dem Maison Gerard oder dem Maison G., wie die Bewohner dazu sagen – es ist zu abgelegen, das Essen ist zu stärkehaltig, und die Treppen sind eine verdammte Plage –, aber inzwischen habe ich mich daran gewöhnt. Eigentlich fühle ich mich jetzt ganz wohl dort. Ich gehe ins Village, kratze meine Spenden für den Joe-Gould-Fonds zusammen, aber es geht jetzt nicht mehr um Leben oder Tod. Mit manchen ärgere ich mich schon gar nicht mehr herum – die mich mit einem Dime abspeisen oder auf morgen vertrösten. Ich gehe nur noch zu denen, bei denen ich mir sicher sein kann, und auch zu denen nicht mehr so oft wie früher. Dann ist etwas Seltsames passiert. Ich hatte gedacht, ich wäre im Village unten durch, wenn sich herumspräche, dass ich eine Gönnerin habe, die für mein Zimmer und meine Verpflegung bezahlt, und ich versuchte, es für mich zu behalten, aber es ging nicht; ich habe es ein paar Freunden erzählt, und die haben es weitererzählt, und nach und nach haben es alle erfahren, und was soll ich Ihnen sagen – anstatt ihre Spenden zu reduzieren oder sich zu weigern, mir überhaupt noch etwas zu geben, sind sie jetzt viel großzügiger als vorher. Leute, die mir früher einen Vierteldollar gaben, und den auch nur widerwillig, geben jetzt fünfzig Cent, manchmal sogar einen Dollar, und dazu noch gern. Sie kennen ja die alte Grundregel: ›Wer hat, dem wird gegeben.‹ Heute habe ich manchmal drei, vier, fünf, sechs, sieben Dollar in der Tasche. Ich schnorre keine Zigaretten mehr, und aufgelesene Kippen rauche ich schon gar nicht mehr; ich kaufe sie mir selber. Manchmal gehe ich sogar in ein Lokal, bestelle mir etwas zu trinken und bezahle es selbst. Und ich achte mehr auf mich. Meistens, wenn ich keinen Kater habe, stehe ich gegen elf auf und frühstücke ausgiebig, dann gehe ich in die öffentliche Bibliothek, lese Zeitung oder schlage etwas nach, oder ich gehe in ein paar Galerien in der Fifty-seventh Street, um zu sehen, ob es ein paar gute Nackte gibt, drehe eine Runde durchs Metropolitan oder die Frick oder das Naturkundemuseum oder das Indianermuseum, oder ich gehe einfach nur so durch die Straßen. Nach einer Weile gehe ich dann wieder ins Maison G., lege mich eine Stunde hin, esse früh zu Abend, steige dann in die U-Bahn und fahre ins Village. Ich ziehe im Village herum, bis die Bars so um vier Uhr morgens zumachen und alles nach Hause geht, dann fahre ich auch wieder ins Maison G. zurück. Verglichen mit früher führe ich das Leben eines Millionärs.« Er summte die Melodie eines bitteren alten Bessie-Smith-Songs und sang dann ein paar Worte. »›Once I lived the life of a millionaire‹«, sang er in seiner piepsigen Alt-Yankee-Stimme. »›Spending my money, I didn't care ...‹ Eines behalte ich natürlich für mich«, fuhr er fort, »nämlich dass ich nicht weiß, wer meine Gönnerin ist. Es ist mir inzwischen völlig schnuppe, wer sie ist, aber ich habe auch meinen Stolz. Ständig fragen mich die Leute danach, aber ich sage ihnen, ich dürfe es nicht sagen. Es sei ein berühmter Name, sage ich ihnen, und sie würden ihn sofort kennen, wenn ich ihn verriete – eine der reichsten Frauen der Welt. Ich nenne sie Madame X und lasse anklingen, dass ich auf gutem Fuß mit ihr stehe. Sie wissen ja, wie die Bohemiens sind. Sie tun so, als würden sie Geld verachten, doch bei der leisesten Andeutung eines entferntesten Hinweises auf den schwächsten Hauch eines Geruchs davon vergessen sie sich und drehen völlig durch. Seit bekannt wurde, dass ich einen Gönner habe und dazu auch noch eine Gönnerin und dazu auch noch eine *reiche* Gönnerin, nehmen mich die Dichter und die Maler beiseite, geben mir einen aus und sagen, ich solle Madame X von ihrer Arbeit erzählen. Ich versuche, so gut zu helfen, wie ich kann. ›Geben Sie mir ein paar Ihrer besten Gedichte‹, sage ich, wenn es ein Dichter ist, oder ›Geben Sie mir ein paar Ihrer besten Zeichnungen‹, sage ich, wenn es ein Maler ist, ›und ich nehme sie mit und zeige sie Madame X, wenn ich sie das nächste Mal in ihrem riesigen Haus gleich hinter der Park Avenue besuche.‹ Ich nehme die Gedichte oder Zeichnungen mit auf mein Zimmer im Maison G., lege sie auf die Kommode und lasse sie dort ein, zwei Wochen liegen, dann bringe ich sie dem Genie, das sie geschaffen hat, wieder mit. ›Madame X hat sich Ihre Arbeit angesehen‹, sage ich, ›und ich soll Ihnen herzlich dafür danken, dass sie sie sehen durfte.‹ ›Aber was hält sie davon?‹, fragt das Genie. ›Sie hat mir streng verboten, es Ihnen zu sagen‹, sage ich, ›aber wir sind jetzt schon so lange befreundet, und ich kenne und schätze Sie zu sehr, um Sie anzulügen, deshalb sage ich Ihnen genau, was sie mir gesagt hat. Sie hat gesagt, sie könne in Ihrer Arbeit nicht den leisesten Ansatz irgendeines Talents erkennen, und sie hat gesagt, sie hielte es für einen großen Fehler, wenn sie Sie in irgendeiner Weise förderte.‹«

Goulds Augen blitzten auf, und er kicherte. »O«, sagte er, »so habe ich schon einige Leute ganz schön zurechtgerückt. So habe ich einige alte Rechnungen beglichen.«

Ich merkte, wie ich mich über Gould ärgerte, nicht wegen seiner Schadenfreude über die beglichenen Rechnungen – damit war ich einverstanden; ich glaube an Rache –, sondern wegen seiner selbstgefälligen Art, und so stellte ich ihm eine hinterhältige Frage: »Wie kommen Sie denn mit der Erzählten Geschichte voran?«

»Prima!«, sagte er, ohne mit der Wimper zu zucken. »Ich mache große Fortschritte.« Neben ihm lag seine Mappe, und er tätschelte sie. »Ich habe in letzter Zeit ungeheuer viele Wörter hinzugefügt«, sagte er. »Sie wächst mit Riesenschritten.«

Mit der Zeit gewöhnte sich Gould daran, dass sein Zimmer samt Verpflegung von seiner unbekannten Gönnerin bezahlt wurde. Er nahm es für selbstverständlich und betrachtete es als Dauereinrichtung. An einem Vormittag im November 1947, da wohnte er schon dreieinhalb Jahre im Maison Gerard, bekam ich einen Anruf von ihm, und kaum hatte ich seine Stimme gehört, wusste ich auch schon, dass etwas nicht stimmte. »Gestern hat mich Mrs Marquié angerufen und gesagt, ich solle gleich zu ihr in die Galerie kommen«, sagte er. »Ich ging hin, und sie eröffnete mir, dass man ihr vor einigen Wochen gesagt habe, Madame X erwäge, ihre Unterstützung für mich einzustellen, dass aber ein Bekannter und eine Bekannte von ihr, alte Freunde von Madame X, versuchten, sie umzustimmen. Sie habe es mir erst sagen wollen, sagte sie, als sie ganz sicher war, was Madame X tun wolle. Tja, und gestern hat sie es dann sicher erfahren. Madame X hat ihr Bescheid geben lassen, dass sie den Scheck für Dezember abschicken werde, dieser aber der letzte sei.« Gould hielt einen Augenblick inne, und ich hörte, wie er tief

Luft holte. »Ich habe Mrs Marquié gebeten, mir zu sagen, warum Madame X sich gegen mich entschieden hat«, sagte er. »Ich habe sie angefleht, es mir zu sagen. Sie sagte, sie wisse es einfach nicht.« Wieder machte er eine Pause. »Nicht zu wissen, wer sie ist, war schon schlimm genug«, sagte er, »aber nicht zu wissen, warum sie sich gegen mich entschieden hat, das macht mich fertig.« Erneut hielt er inne. »Das ist die schlimmste Nachricht, die ich in meinem ganzen Leben bekommen habe«, sagte er. »Seit ich das gehört habe, kann ich nichts mehr im Magen behalten.«

Gould klang verletzt und verwirrt und schrecklich verlassen und auch gedemütigt. In seiner Stimme lag etwas, eine leichte Panik, die mir im Ohr blieb und mir Unbehagen bereitete. Mitten am Nachmittag rannte ich aus meinem Büro und fuhr mit dem Taxi zum Maison Gerard. Ein Portier, der gerade den Teppich im Vestibül saugte, sagte, Gould sei hinausgegangen, er könnte aber auch wieder hereingekommen sein. »Sehen Sie selbst nach«, sagte er. »Sein Zimmer ist offen. Er schließt nie ab.« Gould war nicht da. Als ich in der Tür stand und hineinspähte, sah ich ein paar Aufsatzhefte auf seiner Kommode liegen. Ich ging hin und sah sie mir an. Es waren fünf. Ich nahm mir die Freiheit, das oberste aufzuschlagen. Auf der ersten Seite prangte der vertraute Titel: »TOD VON DR. CLARKE STORER GOULD. EIN KAPITEL AUS JOE GOULDS ERZÄHLTER GESCHICHTE«. Ich schlug das zweite auf. Der Titel lautete: »DIE FÜRCHTERLICHE TOMATENSUCHT. EIN KA-

PITEL AUS JOE GOULDS ERZÄHLTER GESCHICHTE«. Ich schlug das dritte auf. Der Titel lautete: »TOD VON DR. CLARKE STORER GOULD. EIN KAPITEL AUS JOE GOULDS ERZÄHLTER GESCHICHTE«. Ich schlug das vierte auf Der Titel lautete: »TOD VON DR. CLARKE STORER GOULD. EIN KAPITEL AUS JOE GOULDS ERZÄHLTER GESCHICHTE«. Ich schlug das fünfte auf. Der Titel lautete: »TOD VON DR. CLARKE STORER GOULD. EIN KAPITEL AUS JOE GOULDS ERZÄHLTER GESCHICHTE«. Ich legte die Hefte wieder so hin, wie ich sie vorgefunden hatte, und verließ das Zimmer. »Gott erbarme sich seiner«, sagte ich, »und erbarme sich unser aller.«

Als Goulds Unterstützung Ende Dezember auslief, sagte er Gerard, er wolle weiter im Maison Gerard wohnen. Er wolle den Verpflegungsteil seines »Zimmer-mit-Verpflegungs-Arrangements« aufgeben, wenigstens eine Weile lang, sagte er, und sich darauf konzentrieren, das Zimmer zu halten. Es war klar, dass er hoffte, dies durch eine Verdoppelung seiner Bemühungen um Spenden für den Joe-Gould-Fonds zu schaffen. Allerdings vergaß er dabei jene alte Grundregel, die er einmal erwähnt hatte – »Wer hat, dem wird gegeben« –, und beging den Fehler, seinen Freunden zu erzählen, er habe seine Gönnerin verloren. Die Folge war, dass viele befürchteten, er könnte nun zu abhängig von ihnen werden, und ihre Spenden zunehmend einschränkten. Es dauerte nicht lange, da hatte er Schwierigkeiten, die drei Dollar für die wöchentliche Miete als Pauschalbetrag zusammenzubekommen, und Gerard weigerte sich, ihn pro Nacht bezahlen zu lassen. »Sie bestrafen mich dafür, dass ich nicht so lebe wie die meisten anderen«, sagte Gould zu ihm. »Die meisten wohnen von Woche zu Woche oder Monat zu Monat. Ich lebe von einem Tag auf den anderen, an manchen Tagen sogar von einer Stunde auf die andere.« »Das weiß ich ja alles, und ich würde Ihnen auch gern helfen«, antwortete Gerard, »aber das Maison Gerard ist keine Absteige.« Ende Februar hatte Gould bei Gerard Schulden. Er hatte sein Bett im Maison Gerard mehrmals in Brand gesetzt, weil er mit brennender Zigarette eingeschlafen war. Im März geschah es erneut, worauf Gerard ihn mit diesem Vorwand vor die Tür setzte. Zu der Zeit gab es um die Tenth Street und die Forty-second Street herum eine ganze Reihe billiger Hotels. In einem davon, dem Watson Hotel in der Tenth Street 583, war ein Zimmer – genauer gesagt, eine schmale Kammer, in der eine Metallpritsche stand –, für fünfunddreißig Cent die Nacht frei, und da zog Gould ein. Eines Nachts, als er aus einer Bar im südlichen Village kam, war er zu müde, um mit der U-Bahn zum Watson zu fahren, also ging er in die Bowery und nahm sich ein Bett in einer Absteige. Damit war er wieder da angekommen, wo er im Mai 1944 gewesen war. Am nächsten Tag beschloss er, er könne eigentlich auch gleich wieder in den Absteigen in der Bowery wohnen, da die Bowery vom Village aus günstig lag, und von da an ging es mit ihm mit jedem Schritt, den er unternahm, immer weiter bergab.

Bald wurde allen, die Gould über die Jahre hin gekannt hatten, klar, dass eine Veränderung mit ihm stattgefunden hatte. »Was ist mit dir, Joe?«, hörte ich einen der alten Bohemiens ihn eines Abends im Goody's fragen. »Du bist gar nicht mehr du selbst.« »Ich bin auch nicht ich selbst«, antwortete er. »Ich war noch nie ich selbst.« Er drehte seine Runden durchs Village, wie er es immer getan hatte, tauchte im Verlauf der Nachmittage und an den Abenden in wenigstens einem Dutzend Bars, Cafeterias, Diners und Kaschemmen auf, doch zunehmend sah er aus, als gehörte er da nicht mehr hin. Immer häufiger war er abwesend, trübsinnig oder in sich gekehrt, oder er hatte einen versonnenen Blick in den Augen. Eines Abends ging ich zum Essen in ein Lokal im Village namens Chumley's. Ich setzte mich gerade in den Speiseraum, als ich durch einen Durchgang zur Bar blickte, die sich im Nebenraum befand. Dort saß und stand eine Meute lauter, lachender, singender, scherzender, überdrehter Männer und Frauen dicht an dicht, und am Ende sah ich Goulds düsteres bärtiges Gesicht. Er stand allein da, ein Bier in der Hand, beobachtete die anderen, und er trug einen zerlumpten Anzug und einen alten verlotterten Mantel, er hielt sich tief gebeugt und wirkte auffallend abgetrennt und abgesetzt von den anderen. Es war, als spuke wieder der Geist Joe Goulds an der Bar des Chumley's. Er sah aus wie ein Zombie.

Er ging weiterhin jeden Abend ins Minetta, saß ein paar Stunden an seinem gewohnten Tisch und schrieb vor den Augen von Touristen, wenn welche gerade da waren, in einem Aufsatzheft, doch wenn die Touristen zu ihm kamen und ihn fragten, woran er da arbeite, hielt er keine großen, prahlerischen Reden mehr. Seine Antworten waren jetzt eher sarkastisch, skurril oder müde und beiläufig. Die Touristen störte das nicht; sie glaubten offenbar, genauso müsse sich ein Bohemien benehmen, und sie bekundeten genauso viel Interesse für die Erzählte Geschichte und spendeten genauso viel für den Joe-Gould-Fonds wie zuvor diejenigen, bei denen er keine Grenzen kannte, um sie zu beeindrucken.

Er brauchte immer länger, um die Nachwirkungen des Alkohols zu überwinden, und auch seine Trinkgewohnheiten änderten sich. Als er noch im Maison Gerard lebte, war er es gewohnt, sich den ganzen Tag in seinem Zimmer einzuigeln, wenn er einen Kater hatte, um ihn auszuschlafen, doch in den Absteigen ging das nicht, und so entwickelte er einen Horror davor, einen Kater zu bekommen. Statt wie sonst alles zu trinken, was ihm gerade vorgesetzt wurde – je stärker, desto besser, zum Teufel mit morgen –, hielt er sich nun an Bier. Egal, wie sehr eine Touristengruppe ihn bedrängen mochte, doch etwas Stärkeres zu bestellen, er bestand auf Bier. Dennoch konnte er, indem er seine Biere entsprechend verteilte, auch so in einem einigermaßen beständigen leichten Rausch bleiben. In diesem Zustand war er etwas gereizt, und sein Gerede wurde immer hemmungsloser. Alten Freunden gegenüber machte er zunehmend gehässige und unangenehm freimütige Bemerkungen und sagte Leuten, die er scheinbar immer gemocht hatte, was er wirklich von ihnen hielt. Einmal starrte er über einen Cafeteriatisch hinweg einen Mann an, den er kannte, seitdem sie beide junge Männer im

Village gewesen waren, und sagte zu ihm: »*Du* hast dich doch verkauft. Du lässt nach«, sagte er zu Maxwell Bodenheim. »Vor fünfundzwanzig Jahren warst du ein besserer Dichter, aber schon damals hast du nichts getaugt.« Ein andermal sagte er zu Bodenheim, er sei ohnehin kein richtiger Dichter. »Du bist doch bloß ein Dilettant«, sagte er. »Ein Dichterling. Ein Dichterwinzling. Und du bist schrecklich ungebildet. Du kennst nicht mal die Kommaregeln und du liest lediglich Floyd Dell und Ethel M. Dell und den Rubáiyát.«

Zu der Zeit fuhr ich abends immer mit dem Fifth-Avenue-Bus ins Zentrum. Meist stieg ich gegen halb acht an meiner Haltestelle, Tenth Street, aus. Gould wusste das, und ungefähr einmal die Woche erwartete er mich dort. Wenn ich aus dem Bus stieg, glitt er aus dem Schatten des Eingangs der Church of the Ascension an der Ecke und kam zu mir zur Haltestelle. Er begleitete mich ein Stück, ich gab ihm eine Spende, dann machte er sich wieder in die Nacht davon. Manchmal standen wir auf der Straße und unterhielten uns noch ein wenig. An einem Abend im Sommer 1952 sagte er mir bei einer solchen Unterhaltung etwas zögernd, er mache sich Sorgen um seine Gesundheit. Er habe manchmal Schwindelanfälle, sagte er. »Neulich bin ich in die U-Bahn in der Fourteenth Street eingestiegen und wollte bis zur Twenty-third Street fahren, doch kaum hatte ich mich hingesetzt, wurde mir schwarz vor den Augen, und als ich wieder zu mir kam, fuhr der Zug gerade in den Bahnhof Seventy-second Street ein.« Ich sagte ihm, ein Arzt, den ich kenne, habe das Porträt von ihm mit großem Interesse gelesen und sich bei mir oft nach ihm und den Fortschritten seiner Erzählten Geschichte erkundigt. »Er sagte zu mir, sollten Sie jemals einen Arzt brauchen, würde er Sie gern untersuchen und nichts dafür verlangen.« Ich bat ihn, den Arzt anrufen zu dürfen und einen Termin für ihn zu vereinbaren. Gould schüttelte den Kopf. »Ach«, sagte er und blickte leer die Straße entlang, »was soll's?«

Mitte Dezember jenes Jahres wurde mir auf einmal bewusst, dass ich Gould schon mehrere Wochen nicht mehr an der Bushaltestelle gesehen hatte, dachte mir aber nichts weiter dabei. Es war keineswegs ungewöhnlich, dass Gould Tage, Wochen oder gar Monate aus dem Village verschwand und dann plötzlich wieder auftauchte und eine merkwürdige Erklärung für seine Abwesenheit abgab. Einmal sagte er: »Ich habe mit einer alten Gräfin am Wasser Vögel beobachtet. Die Gräfin und ich verbrachten drei Wochen damit, die Möwen zu studieren.« Ein andermal, nachdem er unerklärlicherweise fast einen ganzen Sommer weg gewesen war, sagte er allen, er habe auf einer Yacht eine Kreuzfahrt gemacht. »J. P. Morgans Yacht«, sagte er.

Im Januar 1953 ging ich auf eine Party bei einem Psychiater, den ich kannte, seit ich als junger Reporter über das Bellevue Hospital und das Leichenschauhaus berichtet hatte. Unter den Gästen war eine Psychiaterin, die am Pilgrim State Hospital arbeitete, das in Suffolk County auf Long Island in einem Ort namens West Brentwood liegt. Ich war ihr schon mehrmals bei meinem Freund begegnet und hatte mich immer gern mit ihr unterhalten, nicht über Psychiatrie – darüber redeten wir nie –, sondern über Dinge wie die Nahrungsgewohnheiten des Streifenbarschs; sie war eine begeisterte Fischbeobachterin. Als ich mich an dem Abend mit ihr unterhielt, sagte sie mir, sie wolle sich beurlauben lassen, da sie ein Kind bekomme. Dann meinte sie, sie wolle mir noch etwas sagen, und wir gingen an ein Fenster. »Wir haben im Pilgrim State einen alten Freund von Ihnen«, sagte sie. »Den Mann, über den Sie geschrieben haben und der an einer ›Erzählten Geschichte der Welt‹ schreibt, oder wie er das nennt. Joe Gould.« Sie sagte, Gould sei eines Nachmittags Mitte November auf der Bowery zusammengebrochen, dort habe ihn eine Ambulanz vom Columbus Hospital aufgelesen. Er sei »verwirrt und desorientiert« gewesen, sodass ihn das Columbus, das nicht über eine Psychiatrie verfüge, an die psychiatrische Abteilung des Bellevue überwiesen habe. Bellevue habe ihn etwa bis Thanksgiving unter Beobachtung gehalten und ihn dann zum Pilgrim State überwiesen.

»Was ist mit ihm?«, fragte ich. »Wie nennen Sie das?«

»Es ist gar nichts Seltsames oder Ungewöhnliches«, sagte sie. »Arteriosklerotische Senilität. Das, was viele bekommen, wenn sie alt genug werden. Nur hat es ihn ziemlich früh erwischt – er ist ja erst dreiundsechzig. Auch sind seine Nieren geschädigt. Und seit er im Pilgrim State ist, sind ungeheuer viele kleine Beschwerden dazugekommen, eine nach der anderen. Das passiert Männern seines Typus, des Bowery-Typus, oft, wenn sie erst einmal im Krankenhaus sind. Unter anderem hat er die schlimmste Bindehautentzündung, die ich je gesehen habe, eine schwere Bursitis, ein schreckliches Furunkel im Nacken und irgendwelche hartnäckigen Magenschmerzen. Und ich vermute, das ist erst der Anfang.«

Ich fragte sie, ob ich ihn besuchen könne.

»An Ihrer Stelle würde ich das jetzt nicht tun«, sagte sie. »Im Moment ist er so argwöhnisch und durcheinander, da wäre es für ihn eher schlecht als gut. Wahrscheinlich würde er Sie gar nicht erkennen. Und wenn doch, würde es ihn schon sehr ermüden, wenn er nur mit Ihnen spräche. Wenn Sie ihm einen großen Gefallen tun wollen, dann sagen Sie seinen Freunden im Village nicht, wo er ist. Wenigstens noch nicht. Behalten Sie es für sich. Vergessen Sie, dass ich es Ihnen gesagt habe. Vor ungefähr einem Jahr hatten wir schon einen bekannten Bohemien im Pilgrim State, da sind die Leute aus dem Village in hellen Scharen angereist, männliche Bohemiens und weibliche Bohemiens, große Bohemiens und kleine Bohemiens, alte Bohemiens und junge Bohemiens, alle schnatterten durcheinander, und das hat ihm überhaupt nicht gut getan. Jedes Mal, wenn wir ihn so weit hatten, dass er sozusagen Land sah, kam einer von ihnen an und stieß ihn wieder zurück. Sie stießen ihn zurück und hielten ihm den Kopf unter Wasser. Sie kamen ohnehin nicht, um ihn zu besuchen, sondern um einen der Psychiater beiseite zu nehmen und ihn oder sie mit ihren Psychiatriekenntnissen zu beeindrucken – nebenbei gesagt ein Thema, über das sie unsagbar schlecht informiert waren.«

Ich beschloss, vorläufig ihrem Wunsch zu entsprechen und Goulds Umstände für mich zu behalten.

Schon bald entstanden im Village etliche Gerüchte über Gould. Das hartnäckigste war, dass er etwas Geld geerbt und zurück nach Massachusetts gezogen sei, und allmählich wurde dies zur allgemein akzeptierten Erklärung seiner Abwesenheit. Viele glaubten es nicht, dessen bin ich mir sicher, jedenfalls nicht ganz, gaben sich jedoch den Anschein, als glaubten sie es, wodurch sie mit Gould nichts mehr zu tun zu haben brauchten.

Nach und nach erzählte ich verschiedenen Leuten, Gould sei im Pilgrim State. Der Erste, dem ich es sagte, war ein alter Freund Goulds namens Edward Gottlieb, der Chef vom Dienst der *Long Island Press,* einer Tageszeitung, die in Jamaica, einem Stadtteil von Queens, erschien. Als junger Mann hatte Gottlieb im Village gewohnt, hatte Gedichte für kleine Zeitschriften geschrieben und sich in Boheme-Kneipen herumgetrieben, und in einer hatte er Gould kennen gelernt. Nachdem er zu der Einsicht gelangt war, dass er kein Dichter sei und auch nie einer werden würde, war er Zeitungsmann geworden. Er arbeitete schon fünfundzwanzig Jahre bei der *Press,* war vom Reporter über den City-Redakteur zum Chef vom Dienst aufgestiegen, und während all der Jahre hatte Gould mindestens einmal im Monat, manchmal auch mehrmals, die U-Bahn nach Jamaica genommen und sich seine Spende bei ihm abgeholt. Ich erzählte es Gottlieb aus zwei Gründen. Er hatte mich ein paar Mal wegen Gould angerufen und sich dabei besorgt gezeigt, und ich hatte ein schlechtes

Gewissen, dass ich es ihm nicht gesagt hatte. Der Hauptgrund war jedoch, dass ich wusste, dass er eine Menge über staatliche Nervenkliniken wusste. 1943 hatten er und seine Zeitung eine Untersuchung des Creedmoor State Hospital in Queens Village durchgeführt, die zu einer Verbesserung der Bedingungen nicht nur im Creedmoor, sondern auch in anderen staatlichen Kliniken, also auch im Pilgrim State, geführt hatte, worauf Gouverneur Dewey ihn in den Aufsichtsrat des Creedmoor berief. Ich hatte mich einmal mit ihm über diese Untersuchung unterhalten und wusste, dass er am Pilgrim viele Freunde im medizinischen und Verwaltungsbereich hatte, und mir schien, als sei er in der Lage, Gould von Nutzen zu sein.

Gottlieb sagte, er wolle mit seinen Freunden am Pilgrim State reden und alles Menschenmögliche für Gould tun. »Es scheint aber so«, meinte er, »als könne man leider nicht sehr viel für ihn tun. Ich fürchte, der arme Joe geht allmählich seinem Ende entgegen.«

Danach rief Gottlieb mich hin und wieder an und erzählte mir, wie es um Gould stand. »Joes schlimmstes Symptom ist die Apathie«, sagte er bei einem seiner Anrufe. »Meistens sitzt er einfach nur da und starrt ins Leere. Gelegentlich aber, sagen die Ärzte, regt sich etwas in seinem Kopf, dann lächelt er, rafft sich auf, steht auf und hüpft auf der Station umher, wedelt mit den Armen und gibt seltsame, unheimliche Schreie von sich, bis er davon müde wird. Anscheinend will er mit diesen Schreien etwas mitteilen. Die Ärzte und Schwestern und die anderen Patienten wissen natürlich nicht, was er da tut – es ist ihnen ein völliges Rätsel –, aber ich weiß es, und du bestimmt auch.«

Am 18. August 1957, einem Sonntag, rief Gottlieb mich gegen elf Uhr abends an und sagte mir, er habe gerade erfahren, Gould sei gestorben. Wir sprachen ein paar Minuten darüber, wie traurig es sei, dann fragte ich ihn, ob Gould irgendwelche Papiere hinterlassen habe.

»Nein«, sagte er. »Überhaupt nichts. Wie der Mann vom Krankenhaus sagte: ›Keinen Fitzel.‹ Ich hatte es eigentlich gehofft. Vor allem, dass er Anweisungen bezüglich seiner Erzählten Geschichte und was damit zu tun sei hinterlassen hätte. Er hat ja immer gesagt, zwei Drittel solle die Harvard Library bekommen und das andere Drittel die Smithsonian Institution, aber ich fand es nie richtig, sie so aufzuteilen. Wenn Wissenschaftler sie als Quellenmaterial benutzen wollen, wäre es doch ärgerlich, wenn sie nach Cambridge müssten, um sich den einen Teil anzusehen, und dann nach Washington zum anderen Teil. Vielleicht könnte man die eine Einrichtung überreden, zu Gunsten der anderen auf ihren Teil zu verzichten, dann könnte sie beisammen bleiben. Übrigens, wo ist die Erzählte Geschichte überhaupt?«

Ich sagte, ich wisse es nicht.

Sogleich wurde Gottliebs Stimme besorgt. »Ich bin davon ausgegangen, dass du es weißt«, sagte er, »dass Joe es dir gesagt hat.«

Ich sagte, ich wisse nicht, wo die Erzählte Geschichte sich befinde, und dass ich auch niemanden kenne, der es wisse.

»Tja«, sagte Gottlieb, »dann müssen wir uns eben auf die Suche danach machen. Wir müssen eben herumtelefonieren und mit den Leuten, die ihn am besten gekannt haben, Kontakt aufnehmen, dann ein Treffen vereinbaren, ein Komitee gründen und uns tummeln und uns auf die Suche machen. Womöglich ist sie überall verstreut. Einiges dürfte noch immer in dem Keller des Farmhauses in Huntington liegen, wo er sie während des Krieges gelagert hat – der Steinkeller, von dem er immer geredet hat, der Keller der Entenfarm –, und manches könnte auch in Ateliers von Freunden von ihm im Village sein, manches auch in Lagerräumen in einigen der Hotels und Absteigen, in denen er gewohnt hat. Haben Absteigen Lagerräume? Bestimmt. Die Leute müssen doch nachts ihre Sachen unterstellen können wie in anderen Hotels auch, und dann gehen sie und vergessen sie, genau wie in anderen Hotels, und die Absteigen müssen doch schließlich auf so etwas vorbereitet sein. Ich muss gestehen, ich habe keine Ahnung, wo man anfangen soll. Als Erstes brauchen wir sicher eine Liste der Häuser, in denen er gewohnt hat. Vielleicht könntest du ja gleich mit dieser Liste anfangen. Du hilfst doch mit, oder? Du machst doch auch mit bei dem Komitee?«

Ich wusste nicht, was ich sagen sollte. Gottlieb war ein Energiebündel, einer, der alles sofort anpackte, und an der Art, wie er davon sprach, war mir klar, dass er sich gleich am nächsten Morgen auf die Arbeit stürzen und ein Komitee auf die Beine stellen würde, und schon bald würden die Mitglieder dieses Komitees Farmhäuser auf ganz Long Island, Ateliers im Village und Absteigen in der ganzen Bowery auf den Kopf stellen. Ich konnte ihm eine Menge Ärger ersparen, wenn ich ihm jetzt gleich sagte, was ich über die Erzählte Geschichte wusste – ich konnte ihm und dem Komitee sinnlose Arbeit ersparen –, doch zu dem wenigen, das ich im Laufe meines Lebens gelernt habe, gehört, dass es für alles die richtige Zeit und den richtigen Ort gibt, und ich fand nicht, dass dies jetzt die Zeit und der Ort war, einem von Goulds ältesten Freunden zu sagen, dass ich nicht glaubte, dass es die Erzählte Geschichte überhaupt gab. Joe Gould lag noch nicht einmal im Grab, er war noch nicht einmal kalt, es war einfach nicht die Zeit, sein Geheimnis zu verraten. Es konnte noch warten. Sollen sie sich auf die Suche nach der Erzählten Geschichte machen, dachte ich. Schließlich konnte ich ja auch Unrecht haben. Verdammt, dachte ich – und dabei musste ich lächeln –, vielleicht finden sie sie ja doch.

Gottlieb wiederholte seine Frage, nun ein wenig ungeduldig. »Du machst doch mit bei dem Komitee, oder?«, fragte er.

»Ja«, sagte ich und spielte die Rolle weiter, die ich an jenem Nachmittag, als ich herausfand, dass es die Erzählte Geschichte nicht gab, übernommen hatte – eine Rolle, die ich erst jetzt ablege. »Natürlich mache ich mit.«

(1964)

Nick Hornby
How to be Good

Roman
Aus dem Englischen von Clara Drechsler
und Harald Hellmann
Gebunden

Sie ist eine gute Ärztin. Sie hat eine normale chaotische Familie – zwei Kinder und einen zynischen Mann. Katie Carr, die Ich-Erzählerin und Heldin tut ihr Bestes. Doch das reicht nicht, als der charismatische Heiler DJ Good-News auftaucht und alles ins Trudeln gerät...

GOLDMANN

*Das Gesamtverzeichnis aller lieferbaren Titel erhalten Sie
im Buchhandel oder direkt beim Verlag.
Nähere Informationen über unser Programm erhalten Sie auch im Internet unter:*
www.goldmann-verlag.de

★

Taschenbuch-Bestseller zu Taschenbuchpreisen
– Monat für Monat interessante und fesselnde Titel –

★

Literatur deutschsprachiger und internationaler Autoren

★

Unterhaltung, Kriminalromane, Thriller
und Historische Romane

★

Aktuelle Sachbücher, Ratgeber, Handbücher und
Nachschlagewerke

★

Bücher zu Politik, Gesellschaft, Naturwissenschaft und Umwelt

★

Das Neueste aus den Bereichen
Esoterik, Persönliches Wachstum und Ganzheitliches Heilen

★

Klassiker mit Anmerkungen, Anthologien und Lesebücher

★

Kalender und Popbiographien

★

Die ganze Welt des Taschenbuchs

★

Goldmann Verlag • Neumarkter Str. 18 • 81673 München

Bitte senden Sie mir das neue kostenlose Gesamtverzeichnis
Name: _____
Straße: _____
PLZ / Ort: _____